القانون الدولي العام
الجزء الأول
المبادئ والأصول

تأليف
دكتور علي خليل أسماعيل الحديثي
عميد كلية القانون والدراسات القضائية
الجامعة العربية المفتوحة في لاهاي

2010
الناشر
دار النهضة العربية

الناس رجلان عالم ومتعلم
ولا خير في سواهما

المقدمة

ان الحديث عن القانون الدولي يعني ان هناك جملة من القواعد القانونية الحديثة من حيث التكوين والمفاهيم العامة, ومن ثم نحن بصدد قانون غير منضبط بحدود معينة, اذ لايوجد فيه على سبيل المثال ذلك التسلسل الهرمي أو السلم القانوني الذي يتجسد بشكل صريح في القانون الداخلي.

ومع ذلك, فالقانون الدولي لم يتطور بعد ليصل الى مستوى القانون الداخلي, وهذا لايعني عدم وجوده, فمن خلال نظرة بسيطة في تشابك العلاقات الدولية القائمة وتعددها والميادين التي تلتقي فيها هذه المصالح وتتفاعل أبتداءاً بالعلاقات السياسية والأقتصادية وانتهاءاً بموضوعات التعاون في قضايا الفضاء والبحار. ولعل مايشغل بال العالم الآن هو موضوع البيئة والتلوث, ناهيك عن الأهتمام الخاص فيما يتعلق بالأنسان كفرد وليس كمجتمع وهذا مانراه بوضوح في الأعلان العالمي لحقوق الأنسان.

ومن كل ماتقدم, نكون بصدد قانون قواعده القانونية نشأت وتطورت بفعل الصراع الدولي وبمختلف مراحله سواء كانت داخلية أو دولية, قادت بشكل أو بآخر الى ظهور قواعد قانونية متطورة جداً أنتهت بصياغة أتفاقات دولية منذ عام 1814 (معاهدة باريس) ثم أتفاقات لاهاي لعامي 1899 و 1907 وحتى أتفاقات جنيف الأربعة لعام 1949 ثم بروتوكالات عام 1976 ولغاية 1979. فضلاً عن الأتفاقيات الدولية الأقليمية كأتفاقية حقوق الأنسان الأوربية عام 1950, وكذلك أتفاقية تأسيس المجموعة الأوروبية الأقتصادية عام 1957 والتي تعتبر نواة تأسيس الأتحاد

الأوروبي.[1]

وعلى الرغم من بطئ هذا التطور الحاصل, إلا أنه يعتبر مهم وأساسي بالنسبة للمجتمع الدولي خاصة بعد قيام منظمة الأمم المتحدة والتوقيع على ميثاقها عام 1945 بأعتباره معاهدة دولية يحتوي على مبادئ وقواعد قانونية متفق عليها وتتجه بأتجاهات متطورة من أجل صياغة وتنظيم قواعد القانون الدولي منهجياً وعلى نحو دقيق خاصة في المجالات التي توجد بها فعلاً ممارسات واسعة للدول سوابق ومبادئ قانونية.

ومن خلال ما تقدم, يتبين لنا ان القانون الدولي العام موضوعاته كثيرة ومتشعبة. ولكن ما يعنينا من تلك المواضيع هو ماسيحدد إطار هذه الدراسة في أبوابها الثلاثة التالية:

الباب الأول: التعريف بالقانون الدولي العام

الباب الثاني: مصادر القانون الدولي العام

الباب الثالث: أشخاص القانون الدولي العام

---

(1)Albrecht Randelzhofer, Völkerrechtliche Verträge;Beistandspakte, Menschenrechte, Seerecht, Luft- und Weltraumrecht, Umweltrecht, Kriegsverhütungsrecht, Kriegsrecht, Aufl. 8, Berlin, 1999, S. 134, 505.

الباب الأول
التعريف بالقانون الدولي العام

8

الباب الأول

التعريف بالقانون الدولي العام

الفصل الأول

مفهوم القانون الدولي العام

Conseptions and Prominance

لقد أختلفت التسميات التي أطلقت على هذا القانون مـن قبـل الفقهـاء, فمنهم مـن يطلـق عـلى القـانون الـدولي العـام أسـم قـانون الأمـم [1] أو قـانون الشعوب [2] وهناك من أطلق عليه تسمية قانون الحرب والسلام [3].

وكما أختلفت التسميات أختلفت التعاريف أيضاً, لـذلك يمكـن القـول بـأن أفضل تعريف للقانون الدولي العام بأنه "مجموعة القواعد التي تنظم العلاقات بين الدول فتحدد مالها من حقوق وما عليها من واجبات".

والقانون الدولي العام مثلما ينظم العلاقات فيما بين الدول فهـو يهـتم أيضاً بتنظيم العلاقات التي تقوم بين الدول والمنظمات الدولية أو بين الـدول وبعـض الكيانات التي لاتعتبر دولاً. لذلك, أطلق عليه أسم القانون الدولي. فالدولـة بـين جماعة الدول كالفرد بين باقي الأفـراد. فالأنسـان في حاجـة دائمـة للتعـاون مـع أخيه الأنسان حتى تسهل عليه سبل الحياة, كذلك الدولة إذ

---

(1) أنظر, د.محمد طلعت الغنيمي و د.محمد السعيد الـدقاق, القانون الـدولي العـام, دار المطبوعات الجامعية, الأسكندرية,1991, ص1.

(2) أنظر, د.أحمد سرحال, قانون العلاقات الدولية, بيروت, ط2, 1993, ص12.

(3) أنظر, د.سموحي فوق العادة, القانون الدولي العام, ترجمـة (رينيـه جـان دوبـوي), ط3, باريس, 1983, ص12.

لايمكن أن تبقى في عزلة تامة عن مثيلاتها من الدول الأخرى. فالحاجة الى التبادل والتعاون تدفعانها الى الدخول في علاقات مع الدول الأخرى, ومن ثم يكون القانون الدولي هو الكفيل بتنظيم هذه العلاقات.[1]

- تمييز القانون الدولي عن غيره من القوانين والمبادئ:

أولاً: القانون الدولي العام والقانون الدولي الخاص

The Private International Law

بعد أن تعرفنا على القانون الدولي العام بأعتباره قانوناً يعنى بالدرجة الأولى بتنظيم العلاقات ذات الطابع الدولي ويحدد الحقوق والألتزامات بين أشخاصه, وينبغي علينا ان نتعرف الى القانون الدولي الخاص وماهي غايته وأغراضه, ومن ثم نتناول العلاقة مابين القانونين الدوليين العام والخاص.

فالقانون الدولي الخاص على الرغم من أنه يشترك مع القانون الدولي العام في وجود الصفة الدولية بينهما. إلا ان كلا القانونين يختلفان أختلاف كبيرمن حيث الموضوع الذي يتناولانه, ومن حيث المكان الذي يطبقان فيه, فبينما القانون الدولي العام يعنى بالدول والأشخاص الدوليين الأخرين ومكان تطبيقه ينحصر دوماً في النطاق الدولي خارج حدود الدولة. إلا ان القانون الدولي الخاص يعنى بأفراد الدول المختلفة فيما يختص بحقوقهم المدنية, كما أنه يتكون من مجموعة من القواعد القانونية التي تنظم العلاقات المشوبة بعنصر أجنبي فيما بين الأفراد.

اذن القانون الدولي الخاص: هو مجموعة من القواعد القانونية التي

(1) لمزيد من التفاصيل راجع, د.محمد المجذوب, القانون الدولي العام,الدار الجامعية, بيروت, 1994, ص5-24.

تنظم العلاقات فيما بين الأفراد ذات العنصر ـ الأجنبي ـ وتحدد جنسيتهم ومركزهم القانوني ومن ثم تبين القانون الواجب التطبيق في حالة تنازع القوانين ومن ثم تحديد المحكمة المختصة في فصل النزاع.

فعلى سبيل المثال, لو أن مكسيكي الجنسية يقيم في باريس وعقد صفقة تجارية وهو في سن 21 سنة, إلا أن البائع لم يتبين له ان سن البلوغ في القانون المكسيكي هو 25 سنة, ولدى مطالبة البائع بالأقساط المتبقية دفع المكسيكي ببطلان إلتزامه لأنه قاصر وفق أحكام القانون المكسيكي. فتكييف هذا النزاع القانوني وأسناد القاعدة القانونية لحله هي من المسائل التي يتناولها القانون الدولي الخاص بالتنظيم, وقواعده القانونية أقرب ماتكون الى قواعد القانون الداخلي, لذلك نجد الكثير من الفقهاء يعتبرونه فرعاً من فروع القانون الداخلي.

ثانياً: القانون الدولي العام وقواعد القانون الطبيعي والمجاملات والأخلاق الدولية:

الى جانب قواعد القانون الدولي العام هناك مجموعة من القواعد و المبادئ و العادات و الأعراف غير القانونية التي جرت الدول على مراعاتها في سلوكها الخارجي وذلك من قبيل واجب اللياقة وتماشياً مع مقتضيات العمل الدولي, مع ان الأخلال بها أو عدم الألتزام بتطبيق مبدأ من هذه المبادئ فأن ذلك لايؤدي الى تحمل أية مسؤولية قانونية. وهذه القواعد التي تنظم تصرفات الدول, هـي الأنواع الثلاثة الرئيسية التالية:

أ- قواعد القانون الطبيعي:

وهي عبارة عن مجموعة القواعد الموضوعية التي يكشفها العقـل[1]. والتي يحسن بالدول إتباعها والألتزام بها تحقيقاً للعدالة بأعتبارها الوضع الطبيعي والمنطقي لما يتعين أن تكون عليه العلاقات الدولية من مثل وقيم عليا.

وجدير بالذكر, ان القضاء الدولي لم يلجأ الى تطبيق قواعد القانون الطبيعي بوصفها القواعد التي يمليها العدل المطلـق, إلا عند إتفـاق الـدول الأطراف في النزاع على تطبيقها. وهذا ما أشارت اليه الفقرة الثانية من المادة 38 من النظام الأساسي لمحكمة العدل الدولية بالنص"لايترتب علـى الـنص المتقـدم ذكـره أي إخلال بسلطة المحكمة في أن تفصل في القضية وفقاً لمبادئ العدل والأنصاف متى وافق الأطراف على ذلك".

ب- قواعد المجاملات الدولية:

هي تلـك القواعـد التـي جـرت الـدول علـى إتباعهـا, رغبـة منهـا في توثيـق علاقاتها مع بعضها البعض. وهي قواعد غير ملزمة وليس لها أيـة علاقـة بالمثـل العليا ومن أهم أمثلتها مراسم أستقبال رؤساء الدول والسفراء والتحية البحرية.

ومن الملاحظ, ان قواعد المجاملات الدولية قد تتحول الى قواعد دولية وذلك عندما تكتسب وصف الألزام القانوني من أحدى مصادره كالعرف أو الأتفـاق أو القرار الصادرعن منظمة دولية في حدود أختصاصها. وتعتبر

---

(1) راجع, د.أحمد سرحال, مرجع سابق, ص26.

القاعدة القانونية للأمتيازات والحصانات الدبلوماسية خير دليل على ذلك.

كما قد تتحول القاعدة القانونية الدولية الى قاعدة من قواعد المجاملات إذا مافقدت وصف الألزام القانوني لها, وتعتبر القواعد المحددة لمراسم أستقبال السفن البحرية في الموانئ الأجنبية من أهم الأمثلة لقواعد القانون الدولي التي لحقها النسخ لتتحول الى مجرد قاعدة من قواعد المجاملات.

ج- قواعد الأخلاق الدولية:

وهي مجموعة من المبادئ السامية التي يمليها الضمير العالمي ويقيد بها تصرفات الدول وفقاً لمعايير الأخلاق الفاضلة والمرؤة والشهامة, لاوفقاً لأعتبارات الألزام القانوني. ومن أمثلة هذه القواعد, تلك التي تقضي بأستعمال الرأفة في الحروب والأبتعاد عن الكذب والخداع في العلاقات الدولية وتقديم العون والغوث الى الدول المنكوبة.

الفصل الثاني
نشأة القانون الدولي ومراحل تطوره
Geschichte

يمكن القول بأن تأريخ العلاقات الدولية هو تأريخ متأرجح فيما بين الدول التي تتجه نحو التنظيم من جهة, ومابين الدول المتجهة نحو الحروب والنزاعات المستمرة من جهة أخرى.

ومن المتفق عليه لدى غالبية الفقهاء أن أساس نشأة القانون الدولي لايرقى الى أبعد من أواسط عصر ـ النهضة وبالتحديد منذ عام 1648 تأريخ ابرام معاهدات وستفاليا. غير أن هذا لايعني أن العلاقات الدولية كانت معدومة أو غير موجودة أساساً, فهي قديمة جداً وقد ثبت ذلك من خلال المكتشفات الأثرية.

عليه, يمكن القول أن القانون الدولي نشأ وتطور خلال خمسة مراحل تأريخية, وكما يلي:

- مرحلة العصور القديمة **Altertum** :

لعل علماء الحضارة والأثار يؤيدون أن أول بلاد عرفت الدولة هي بلاد مابين النهرين (العراق), إذ ظهرت الدولة السومرية في جنوب العراق في الألف الرابع قبل الميلاد ومن ثم بلاد وادي النيل (مصر) وبلاد الشرق القديم (الهند وفارس). وقد تضمنت المكتشفات الأثرية لهذه الدول والحضارات الشرقية القديمة العديد من الأحكام الخاصة بالتعامل الدولي والعلاقات فيما بين الدول, ومايوجد الآن في خزانات المتاحف الأثرية في بغداد والقاهرة, خير دليل على ذلك, حيث العديد من الألواح والرقيمات

الطينية[1] التي يعود تأريخها الى الألف الثالث ق.م. وتظهر فيها معاهدات سلام وتحالف أبرمها فرعون مصر رمسيس الثاني مع خاتوسل ملك الحيثيين في العراق القديم.[2]

مرحلة الأغريق والرومان:

لقد ساهم اليونانيون مساهمة كبيرة في وضع وإرساء قواعد القانون الدولي, فالمجتمع اليوناني يتألف من مدن عديدة وكل واحدة منها مستقلة عن الأخرى, فعرفت فيما بينها نوع من القواعد القانونية كانت تتبادلها بحكم الضرورة في وقت السلم والحرب. فعلى سبيل المثال, كانت هناك قاعدة واجبة الأحترام هي "وجوب أعلان الحرب قبل الدخول فيها" وقاعدة "تبادل الأسرى" وقاعدة "أحترام حياة اللاجئين الى المعابد". وبينما كانت هذه القواعد معروفة لدى المجتمع اليوناني, كان لدى الرومان نظام آخر لحكم العلاقات التي كانت تقوم فيما بينهم وبين الأمم الأخرى.

فوفقاً لعادات الرومان كانت علاقات روما مع الشعوب الأخرى تتوقف على ماإذا كانت هناك روابط تربط بينها أم لا كمعاهدات الصداقة أو معاهدات الضيافة أو معاهدات تحالف فعند ذاك يتمتع أفراد هذه الشعوب بالحماية لدى انتقالهم أو تواجدهم في روما. أما الشعوب الأخرى والتي

---

(1) وهي الواح طينية مفخورة ومنقوش عليها كتابات ورسوم تجسد مراحل مختلفة من التأريخ. للزيادة, أنظر, د.بهنام أبو الصوف, ظلال الوادي العريق, دار الشؤون الثقافية, بغداد, 1992, ص93.

(2) لمزيد من التفاصيل, راجع, د.أبراهيم أحمد شلبي, مبادئ القانون الدولي العام, الدار الجامعية, القاهرة, 1985, ص13-17.

لاتربطها مع روما أية معاهدة فأن أفرادها وممتلكاتهم لايتمتعون بتلك الحماية, وبالتالي فهم عرضة للقتل أو الأستعباد والأستيلاء عاى ممتلكاتهم.[1]

مرحلة العصور الوسطى والقانون الكنسي **Mittelalter**:

وتتميزهذه المرحلة بظهور الأمبراطورية الجرمانية على أنقاض الأمبراطورية الرومانية بعد أنقسامها الى شرقية وغربية, وقد ساعد على ظهورها أنتشار الدين المسيحي الذي ألف نظاماً مختلفاً. فلأول مرة تظهر هناك فلسفة جديدة حول المساواة بين الناس لأنهم مخلوقون على صورة المسيح (ع) لذلك عرفت هذه الأمبراطورية قانونان:

القانون الزمني- وهو الذي ينظم العلاقات المدنية والتجارية بين رعايا الأمبراطورية. والقانون الكنسي- الذي ينظم العلاقات العقائدية (الدينية).

ومن الجديربالذكر, أن كل من القانونين كانا يخضعان لسلطة البابا (ليون الثالث) الزمنية آنذاك. حيث كانت الأمبراطورية الجرمانية المسيحية تبدو كهرم من السلطات المتسلسلة -الأسياد والبارونات والدوقات والملوك- الذين يتبعون الأمبراطور شارلمان والذي يخضع بدوره لسلطة البابا (الكنيسة). فالبابا (الحبر الأعظم) كانت له السلطة العليا ذات الطابع الكاثوليكي الكنسي- والذي تمكن من خلاله فرض أرادته العالمية.[2]

(1) راجع, د.أبراهيم أحمد شلبي, مرجع سابق, ص18-20.

(2) للزيادة, أنظر, د.أحمد سرحال, مرجع سابق, ص15. وكذلك أنظر, د.أبراهيم أحمد شلبي, مرجع سابق, ص30.

مرحلة عصر النهضة وحركة الأصلاح الديني Industriealisierung Zeitaltr

وقد تميزت هذه المرحلة بظهور الأفكار المتحررة نسبياً عـن الفكـر الكنسي ـ والرامية الى التحرر من سلطة البابا والتأكيد على سيادة الدولة المستقلة. غير أن قيام البروتستانتي مارتن لوثر بالثورة عـلى الكنيسـة الكاثوليكيـة ليعلن بداية عصر جديد لاعلاقة له بالسلطة الدينية للبابا.

فكانت بداية حروب طويلة مابين الدول الكاثوليكيـة والـدول البروتستانتية أستمرت نحو 30 عاماً والتي انتهت بأبرام معاهدات وستفاليا عام 1648 معلنـة بذلك عن مبدأ المساواة بين الدول المسيحية وبغض النظر عن عقائدها الدينيـة وعن أشكال حكوماتها ملكية كانت أو جمهورية.

والحقيقة, ان معاهدات وستفاليا تعتبر حجـر الأسـاس الـذي قامـت عليـه قواعد القانون الدولي, فقد أرست مجموعة من المبادئ الأساسية التالية:

1) استقرار مبدأ التشاور بين الدول واجتماعها في مؤتمر دولي لحل منازعاتها.

2) ترسيـخ مفهـوم السـيادة والمسـاواة بـين الـدول المسـيحية الكاثوليكيـة البروتستانتية.

3) إحلال نظام التمثيـل الـدبلوماسي الـدائم فسـاعدت عـلى قيـام العلاقـات الدولية بصفة دائمة.

4) الأخذ بفكرة توازن القوى أو التوازن الدولي كعامل أساس للمحافظة عـلى السلام الدائم. وبموجبها فان أية دولة اذا أرادت الأتساع على حساب دولة أخرى, فعلى بقية الدول أن تتكاثف ضدها وتحول دون هذا الأتساع.

17

5) تدعيم القواعد القانونية الدولية وثبوتها من خلال فتح الباب لتدوين قواعد القانون الدولي.

وقد تأكد العمل بهذه المبادئ من خلال جملة من الأحداث التي كانت سبباً في عقد معاهدات أوتراخت للسلام 1713- 1715, والتي ضمنت أحكاماً خاصة بحقوق المحايدين خاصة بعد قيام ملك فرنسا لويس الرابع عشر بتوسيع مملكته على حساب الدول المجاورة, فكانت النتيجة هي تكاتف الدول الأوروبية ضد ملك فرنسا لأعادة تنظيم أوربا وفق فكرة التوازن الدولي مبرمة هذه المعاهدات.

وبعد ذلك قيام الثورة الفرنسية عام 1789 وهي تحمل مبادئ جديدة في الحرية الشخصية وحرية الفكر, وحق الأمم في أختيارأنظمتها الدستورية, ومن ثم تأسيس الأمبراطورية الفرنسية لترسم خارطة أوروبية جديدة قائمة على أنقاض ممالك وعروش انتزعها نابليون بونابرت بالقوة.

مرحلة الأتفاقيات الدولية والتنظيم الدولي:

يمكن القول بأن كل ماجرى في المراحل السابقة من تنظيم للمسائل القانونية التي تثيرأهتماماً دولياً في جانب, وماأحرز في هذه المرحلة من تنظيم دقيق للمسائل القانونية الدولية جانب آخر.

فابتداءاً بمؤتمر فينا (1814-1818) حيث أعتمدت الدول الموقعة على معاهدة باريس لعام 1814 أحكاماً متعلقة بالنظام القانوني للأنهارالدولية وإلغاء تجارة الرقيق وتسوية المنازعات الدولية بالطرق السلمية وتنظيم الملاحة البحرية والجوية. وفي معاهدة باريس لعام 1856 وضعت قواعد قانونية عن الحرب البحرية فضلاً عن اقرارها لمبدأ المساواة بين الدول

المسيحية وغير المسيحية منها فقد أنضمت تركياً ثم اليابان الى مايسمى بالمؤتمر الأوربي.

وكذلك معاهدة جنيف للصليب الأحمر لعام 1864, التي تعتبر امتداداً مباشراً لأتفاقيات جنيف الأربع لعام 1949 بشأن حماية ضحايا الحرب وكذلك البروتوكولين الأضافيين لأتفاقيات جنيف المبرمة في عام 1977.

كما أستند مؤتمر لاهاي للسلم لعامي 1899- 1907 الى أعمال المؤتمرات السابقة بشأن قوانين الحرب والى الممارسات السابقة لبعض الدول فيما يتعلق بتسوية المنازعات الدولية بالوسائل السلمية والى وضع قواعد قانونية خاصة بشأن الحياد.

وفي مؤتمر باريس للصلح لعام 1919, أحرز المجتمع الدولي تقدماً آخر وذلك بصدور عهد عصبة الأمم وأنشاء محكمة محكمة عدل دولية دائمة في 1928.08.27. بيد أن ميثاق برياند كيلوغ

(Briand Kellog-Pakt) أقر ولأول مرة مبدأ تحريم الحرب بعد أن كانت مباحة وتنظمها قواعد قانونية دولية.

وبعد عام 1945 تمخضت الأمم المتحدة في ميثاق سان فرانسيسكو أعقاب الحرب العالمية الثانية. وبذلك يشهد المجتمع الدولي مرحلة من أكثر المراحل تنظيماً شملت مختلف الجوانب السياسية والأقتصادية والأجتماعية الضرورية للمحافظة على السلم والأمن الدوليين. ولم يقتصر الأمر على ذلك فقط بل أمتدت الى المسائل الثقافية والأنسانية أيضا.

كما عمدت منظمة الأمم المتحدة في عام 1947 الى انشاء لجنة لتدويين القانون الدولي, كان لها دوراً كبيراً في تطوير القانون الدولي وتدوينه,

حيث تمكنت من دراسة العديد من المشاريع وإعداد الأتفاقيات لمختلف مسائل القانون الدولي العام.[1] ففي عام 1958 توصلت اللجنة الى تنظيم قانوناً للبحار, ثم أتفاقية خاصة بموضوع الجنسية وحالات انعدام الجنسية حررت في نيويورك عام 1961 وأخرى للعلاقات الدبلوماسية حررت في فينا عام 1961, وكذلك أتفاقية فينا للعلاقات القنصلية لعام 1963. كما توصلت اللجنة الى إعداد أتفاقية فينا لقانون المعاهدات والتي حررت في عام 1969, وتعد من أهم الأتفاقيات الدولية.[2]

_____

(1) للزيادة, أنظر, الدكتور علي صادق أبو هيف, القانون الدولي العام, القاهرة, 1975, ص63.

(2) أنظر, د.عبد الواحد محمد الفار, القانون الدولي العام, دار النهضة العربية, القاهرة, 1994, ص25.

الفصل الثالث

أساس الألزام في القانون الدولي

من المعلوم ان القانون الدولي عبارة عن ظاهرة أجتماعية, لذلك فأن اساسه وجوهره يتوقفان على طبيعته الأجتماعية.

لذلك فمسألة البحث عن أساس متين للقانون الدولي يضفي على قواعده الشرعية الدولية, هي مسألة تعددت في بحثها المذاهب الفقهية, والتي سنوجز أهمها فيما يلي:

أولاً: المذهب الأرادي:

وفقهاء هذا المذهب يقيمون الأساس الملزم لقواعد القانون الدولي على أرادة الدول سواء كانت أرادة منفردة أو مشتركة فهي تخلق القاعدة القانونية ومن ثم تخضع له في علاقاتها الدولية. فبمجرد أتجاه أرادات الدول لأبرام المعاهدات على سبيل المثال فأنها تلزم نفسها بتنفيذها وبملئ إرادتها. أو أرادة خاصة تستند الى مبدأ العقد شريعة المتعاقدين (Pacta Sunt Servanda)

ثانياً - المذهب الموضوعي:

أما عن فقهاء هذا الأتجاه فهم يذهبون في الأساس الملزم لقواعد القانون الدولي الى مجموعة من العوامل بعيدة كل ابعد عن ارادة الدولة (كالمصلحة والتوازن الدولي للقوى والتضامن بين افراد الجنس البشري).

ومع ذلك, فنحن إذا ما نظرنا الى المجتمع الدولي المعاصر فسوف نكون على قناعة تامة بأن أية دولة مهما كانت درجة أكتفائها الذاتي ودرجة

قوتها العسكرية لاتستطيع ان تعيش في عزلة عن غيرها من الدول أو في حالة عداء مستمر في مواجتها. ومن هنا تبرز مجموعة الأسس المتعددة والتي تتمثل في الأرادة والمصلحة والتوازن الدولي للقوى وبضرورة الألتزام والوفاء بالعهد وضرورات التضامن بين أفراد الجنس البشري, والتي تساهم جميعاً في بناء أساس القانون الدولي العام.

الفصل الرابع
العلاقة بين القانون الدولي العام والقانون الداخلي
International law and Municipal law

في تحديد العلاقة بين القانون الدولي العام والقانون الداخلي, تذهب الآراء الفقهية الى مذهبين: الأول- يقول بوحدة القانونين, والأخر يقول بأزدواجهما وأنفصال كل منهما عن الأخر, وفيما يلي بيان نظر كل من المذهبين والرأي المرجح في هذا الشأن:

أولاً: مذهب وحدة القانون **Monismus**

وأنصار هذا المذهب[1] يجعلون القانون الدولي العام جزءاً لايتجزأ من القانون الداخلي, بل وأكثر من ذلك فهو يعلو القانون الداخلي ويفضله, بحيث إذا تعارضت قاعدة قانونية داخلية مع قاعدة قانونية دولية كان لزاماً على القاضي ان يطبق القاعدة الدولية دون الأخرى. ذلك لأن سمو القانون الدولي على القانون الداخلي هو من المبادئ العامة للقانون الدولي.

ثانياً: مذهب أزدواج القانون **Dualismus**

ويقضي بأن القانون الدولي العام والقانون الداخلي, نظامان مستقلان عن بعضهما البعض, ويستند في هذا الأستقلال الى اعتبارات عدة منها:

1) من حيث الأشخاص: فالفرد هو شخص القانون الداخلي بينما الدولة هي شخص القانون الدولي.

(1) الفقيه كلسن الذي أعطى هذه النظرية مضمونها العلمي. لمزيد من التفاصيل, أنظر, د. عبد العزيز محمد سرحان, القانون الدولي العام, دار النهضة العربية, القاهرة, 1991, ص35.

2) من حيث المصادر: فالأرادة المنفردة للدولة بالنسبة للقانون الداخلي والأرادة الجماعية للدول بالنسبة للقانون الدولي.

3) من حيث طبيعة الروابط التي تنظمها القواعد القانونية: أو بمعنى أخر أختلاف الهيئات المنوط لها الأشراف على تطبيق القواعد القانونية لكل منها. فالسلطات التنفيذية والتشريعية والقضائية الموجودة في النظام القانوني الداخلي هي غير موجودة في نظيره الدولي.

- الرأي المرجح بين المذهبين: قد يتسائل الباحث عن الرأي أو المذهب المرجح والواجب تطبيقه من بين هذين المذهبين؟

والواقع, ان دراسة القانون الدولي العام تبين لنا ان هناك قواعد قانونية بعيدة كل البعد عن قواعد القانون الداخلي, فالقانون الدولي العام يختلف عن القانون الداخلي من حيث الشكل والغاية والجزاء:

1) فمن حيث الشكل, نجد ان القانون الدولي العام قواعده عرفية مرنة, بينما يوجد في القانون الداخلي تشريع مكتوب وقواعده آمرة.

2) من حيث الغاية, فالقانون الدولي العام يستهدف تنظيم العلاقات فيما بين الدول فيحدد مالها من حقوق وماعليها من التزامات, ومن ثم فأن قواعده لاتخاطب إلا الدول المستقلة فقط, فضلاً عن باقي أشخاص القانون الدولي العام, وبالتالي فهي لاتصدر عن سلطة عليا تفوق سلطة الدول وانما تصدر عن رضا الدول وأتفاقها سواء كان هذا الرضا صريحاً أم ضمنياً.

أما القانون الداخلي فهو يستهدف تنظيم مصلحة وعلاقة الأفراد مع بعضهم البعض في داخل حدود الدولة. ومن ثم فان قواعده تخاطب

الأفراد فقط وبالتالي فهي تصدر عن سلطة المخاطبين بأحكامه.

3) من حيث الجزاء, فهو يترتب على مخالفة أحكام القانون الداخلي. بينما نجد ان مخالفة أحكام القانون الدولي العام لايترتب عنها سوى المسؤولية الدولية والتي ينحصر أثرها المباشر في التعويض فقط.

ولكن مع تسليمنا بأزدواج كل من القانونين, إلا أننا لايمكن ان نذهب الى مايذهب إليه أنصار مذهب الأزدواج[1], من أنه لاتوجد أي نقاط للأتصال بين القانونين.

فالمجتمع الدولي والمجتمع الداخلي على اتصال مستمر وتداخل في العلاقات الرابطة بينهما. لذلك فلابد من وجود علاقة فيما بين القانونين الداخلي والدولي نتيجة لذلك التداخل والترابط في العلاقات ما بين المجتمعين.

فالقانون الداخلي قد يسخر لتدعيم القانون الدولي العام, كما في حالة تنظيم أختصاصات السلطة الوطنية لأبرام المعاهدات الدولية. كما ان القانون الداخلي قد يكون امتداداً للقانون الدولي, وذلك عندما ينص دستور الدولة على أعتبار قاعدة دولية معينة قانونا وطنيا كنص المادة 4 من دستور فايمر الألماني, الذي يقرر أن "قواعد القانون الدولي المعترف بها جزءاً متمماً لقوانين الدولة الألمانية".

وفي حالات أخرى, يلجأ الى تطبيق القاعدة القانونية الدولية في إطار القانون الداخلي, وذلك بعد تحويلها الى قاعدة قانونية وطنية, بأتباع سلسلة

(1) أمثال الفقيه تريبل وأنزيلوتي وشتروب وأوبنهايم, إذ يعتبرون من أهم دعاة هذه النظرية.

من الأجراءات الشكلية المتبعة في اصدار القوانين الداخلية.

وأحيانا قد يحيل أحد القانونين على الأخر أمر مسألة معينة للفصل فيها على أعتبار ان تلك المسألة تدخل في دائرة أختصاص هذا القانون ويجب ان تعالج وفقاً لأحكامه. فعلا سبيل المثال, عندما يحدد القانون الدولي العام حقوق الأجانب والتزاماتهم فانه يترك مسألة تعيين من يصدق عليه وصف الأجنبي داخل حدود الدولة الى القانون الداخلي.

وعلى العكس من ذلك, فقد يعفي القانون الداخلي الممثلين الدبلوماسيين من الضرائب أو الخضوع للقوانين الداخلية, ويترك مسألة تعيين من يصدق عليه وصف الممثل الدبلوماسي أو السياسي الى القانون الدولي.

وفي إطار هذا البحث أيضاً, يثار التساؤل حول مإذا تمسكت الدولة بأحكام قانونها الداخلي في مواجهة القانون الدولي للحد من التزاماتها الدولية؟

وللأجابة عن هذا التساؤل, نقول أنه لايوجد هناك أدنى شك من ان المجتمع الداخلي متقدم في التنظيم عن المجتمع الدولي. إلا ان هذا لايعني أن تتمسك كل دولة بأحكام تشريعها الوطني في مواجهة القانون الدولي, وإلا فالفوضى والتنافر سيسودان المجتمع الدولي.

إذن فالأعتبارات العملية تقضي بضرورة أحترام قواعد القانون الدولي لذلك لأن قواعده تخضع الدول لا أن تخضع لها.

ومن أجل ذلك, وجب التسليم بمبدأ سمو القانون الدولي العام عاى القانون الداخلي. وقد تأكد هذا المبدأ من خلال ماأصدرته محكمة العدل الدولية الدائمة عام 1932 في قضية معاملة الرعايا البولونيين المقيمين في

إقلـيم دانتزنـغ الحـرة, إذ ذهبـت بـالقول "أن الدولـة لايمكنهـا الأسـتناد الى دستورها في مواجهة دولة أخرى لكي تتحلل من الألتزامات التـي يفرضـها عليها القانون الدولي أو المعاهدات السارية".⁽¹⁾

～

_____

(1) لمزيد من التفاصيل, أنظر, د.حامد سلطان, القانون الدولي العام في وقت السلم, ط6, دار النهضة العربية, القاهرة, 1976, ص23؛ أنظر كذلك, د.السيد محمد جبر, المركز الدولي للأقليات في القانون الدولي العام, منشأة المعارف, الأسكندرية, (دون تاريخ سنة الطبع), ص266-267.

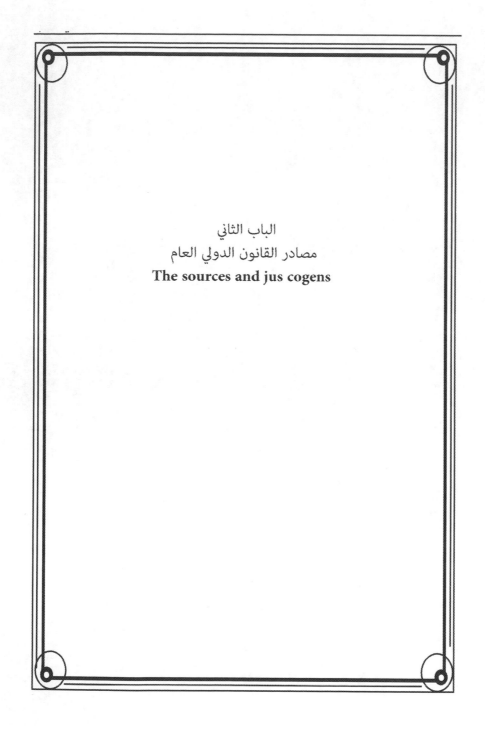

الباب الثاني
مصادر القانون الدولي العام
The sources and jus cogens

29

الباب الثاني
مصادر القانون الدولي العام
The sources and jus cogens

ان لكل قاعدة قانونية نوعان من المصادر, المصادر الطبيعية, وهـي مصـادر غـير مبـاشرة لوجـود القاعـدة القانونيـة, مثـل: 1. ضرورات الحيـاة الأجتماعيـة والأقتصادية؛ 2. مبادئ العدالة؛ 3. الشعور بالتضامن بين افراد الجنس البشري.

والنوع الثاني من المصادر, هي المصادر الوضعية, وهي مصادر مباشرة, كـما أنها موضوع دراستنا أيضاً وتنقسم بـدورها الى قسـمين: أولاً- المصـادر الأصـلية, مثل المعاهدات والعرف والمبادئ العامة للقانون؛ ثانيـاً- المصـادر الثانويـة, مثـل قضـاء المحـاكم وآراء الفقهـاء. وهـذا مـا أكدتـه المـادة 38 مـن النضـام الأسـاس لمحكمة العدل الدولية[1].

---

(1) حيث نصت على مايلي:

1) وظيفة المحكمة أن تفصل في المنازعات التي ترفع اليهـا وفقـاً لأحكـام القـانون الـدولي وهي تطبق بهذا الشأن:

أ- الأتفاقات الدولية العامة والخاصة التي تضع قواعد معترفاً بها صراحة من جانب الـدول المتنازعة.

ب- العادات الدولية المعتبرة بمثابة قانون دلَّ عليه تواتر الأستعمال.

ج- مبادئ القانون العامة التي أقرتها الأمم المتمدينة.

د- أحكام المحاكم ومذاهب كبار المؤلفين في القانون العام في مختلف الأمـم, ويعتـبر هـذا أوذاك مصدراً أحتياطياً لقواعد القانون وذلك مع مراعاة أحكام المادة .59

2) لايترتب على النص المتقدم ذكره أي اخلال بما للمحكمة من سـلطة الفصـل في القضـية وفقاً لمبادئ العدل والأنصاف متى وافق لأطراف الدعوى على ذلك.

الفصل الأول
المصادر الأصلية للقانون الدولي

والمصادر الأصلية هي ثلاثة مصادر سوف نتناول دراستها في المباحث الثلاث التالية:

المبحث الأول: المعاهدات.

المبحث الثاني: العرف؛ المبحث الثالث: المبادئ العامة للقانون.

المبحث الأول

المعاهدات الدولية Treaties

وتعتبر المظهـر الرسـمي لألتقـاء إرادات الـدول, وهـي بهـذا المعنـى تشـمل جميع مايطلق عليها من أتفاقيات أو تبادل مذكرات دبلوماسية أو بروتوكول أو دستور Charter, أو عهد أو ميثاق Conventions

وهي المصدر الأول من المصادر الأصلية أو الوضعية المباشرة للقانون الـدولي العام.

المطلب الأول

تعريف المعاهدة الدولية

والمعاهدة الدولية أتفاق مكتوب مابين شخصين أو أكثر من أشخاص القانون الدولي العام, لأحداث آثار قانونية معينة وفقاً لأحكام القانون الدولي العام.[1]

ومن هذا التعريف يتضح ان هناك ثلاثـة شروط أساسـية يجـب توافرهـا في الأتفاق الدولي, وهي:

الشرط الأول- ان يكون الأتفاق بين أشخاص قانونية دولية:

أي ان المعاهدة لاتقوم إلا إذا كانت بين دولتين أو أكثر من أشخاص القانون الدولي. أما الأتفاقيات التي تعقد فيما بين الدول والشركات سواء كانت شركات أجنبية عامة أو خاصة, فهي لاتعتبر من قبيل الأتفاقيات

---

(1) Matthias Herdegen, Völkerrecht, 2. Aufl., C.H. Beck Verl., München, 2002, S. 109.

الدولية إنما هو مجرد عقد إمتياز بين حكومة وشركة إمتياز أجنبية خاصة, وخير مثال على ذلك, الأتفاق المعقود بين شركة النفط الأنكلو- ايرانيين (Anglo Iranian oil Company) والحكومة الأيرانية عام 1933.[1]

أما عن الأتفاقيات المعقودة بين الدول والمنظمات الدولية, فقد أستقر القضاء الدولي على الأعتراف للمنظمات الدولية بأهلية أبرام الأتفاقيات الدولية, خاصة بعد حادثة أغتيال ممثل منظمة الأمم المتحدة الكونت فولك برنادوت على يد عصابات صهيونية في فلسطين عام 1949, إذ تم الحكم بتعويض الأمم المتحدة عن مالحقها من أضرار نتيجة لذلك.

كذلك أتفاق ليك سايكس عام 1947, بين الأمم المتحدة والولايات المتحدة الأمريكية, حول الوضع القانوني لمقر المنظمة. وتعتبر معاهدة باريس لعام 1954 مابين منظمة اليونسكو والحكومة الفرنسية بشأن مقر المنظمة, من هذا القبيل أيضاً.

الشرط الثاني- ان تكون المعاهدة مكتوبة:

إذ تخرج من نطاق المعاهدات تلك الأتفاقات الشفوية والتصريحات الجماعية أو الثنائية. فالقانون الدولي يعتد بضرورة ان تكون المعاهدة مكتوبة, كما ان هذا الشرط نصت عليه أتفاقية فينا لقانون المعاهدات لعام 1969 في الفقرة (أ) من المادة الثانية, إذ نصت "ان المعاهدة تعني اتفاق دولي يعقد بين دولتين أو أكثر كتابةً ويخضع للقانون الدولي سواء تم في وثيقة واحدة أو أكثر".

(1) أنظر, د. ابراهيم محمد العناني, قانون العلاقات الدولية, دار النهضة العربية, القاهرة, 2007, ص38.

الشرط الثالث- خضوع موضوع المعاهدة لأحكام القانون الدولي:

وبمقتضى هذا الشرط يجب ان تنصرف ارادات الدول المتعاقدة الى أحداث آثار قانونية دولية.

عليه, لايعتبر من قبيل المعاهدات الدولية تلك الأتفاقات ذات الطبيعة الخاصة كالأتفاقات التي تعقد بشأن زواج أعضاء الأسر المالكة, وذلك لأن صفتهم الشخصية هي التي يؤخذ بها وليس الصفة الرسمية.

ومن الجدير بالذكر, ان المادة 38 من النظام الأساس لمحكمة العدل الدولي قد أشارت الى نوعين من المعاهدات, وهما:

أ- المعاهدات العامة أو الشارعة[1] **law-making treaty**

وهي تلك التي تبرم بين عدد غير محدود من الدول وفي أمور تهم الدول جميعاً, أي تحدد قواعد عامة وأنظمة مجردة ومن أمثلتها, ميثاق منظمة الأمم المتحدة ومعاهدة القسطنطينية لعام 1888 الخاصة بتنظيم الملاحة في قناة السويس.

ب- المعاهدات الخاصة أو العقدية[2] **contractual treaty**

وهي تلك التي تنعقد بين عدد محدود من الدول وفي أمر خاص بها, ومن أمثلتها, معاهدات التحالف ومعاهدات الصلح ومعاهدات تعين الحدود والمعاهدات التجارية.

(1) Vgl. Matthias Herdegen, a.a.O., S. 112 f.

(2) Ebd.

المطلب الثاني

المراحل التي تنعقد بها المعاهدة الدولية[1]

تمر المعاهدة الدولية من حيث شكلها القانوني بأربعة مراحل رئيسية وهي (المفاوضة negociation, والتحرير والتوقيع & written signature, والتصديق ratification, ثم التسجيل registration)

الفرع الأول

المفاوضة[2] negociation

وهي عبارة عن تبادل وجهات النظر بين ممثلي دولتين أو أكثر بقصد التوصل الى عقد أتفاق دولي بينهما.

والمفاوضة ليس لها موضوع محدد, فقد تتناول تنظيم العلاقات السياسية بين الدولتين المتفاوضتين, وقد يكون موضوعها تنظيم العلاقات الأقتصادية أو العلاقات القانونية بينهما, كما قد يكون موضوعها تبادل وجهات النظر بين الدولتين المتفاوضتين بغية التوصل الى حل للنزاع القائم بينهما بالطرق السلمية.

وكذلك, ليس للمفاوضة شكلاً محدداً, فقد تكون شفاهة أو بتبادل المذكرات المكتوبة, وقد تتم في مقابلات شخصية وقد تتم في أجتماعات رسمية أو في مؤتمر دولي يجمع بين ممثلي الدولتين المتفاوضتين.

(1) Vgl. ebd., S. 113 f.

(2) Vgl. Malcom Schow, International Law, Cambridge University Press, 5th. edn., Cambridge, 2003, S. 918.

كما قد يقوم بالتفاوض رؤساء الدول أنفسهم وهذا مايحصل عندما أجتمع رؤساء الدول الأوروبية في مؤتمر فينا عام 1815, على أثر هزيمة نابليون وتبادلوا وجهات النظر ومن ثم عقد التحالف المقدس.

كذلك ميثاق الأطلنطي عام 1941[1] كان أحد المفاوضين في عقده وتوقيعه الرئيس فرانكلين روزفلت رئيس الولايات المتحدة الأمريكية.

وقد يقوم بالتفاوض وزراء الخارجية أو السفراء أو الممثلين الـذين تنتـدبهم الدول المتفاوضة شرط ان يكونوا مزودين بوثائق تفويض[2]. أما بالنسبة لرؤساء الدول ووزراء الخارجية ورؤساء البعثات الدائمـة لـدى المنظمات الدوليـة فيما يتعلق بالتفاوض مع المنظمة ذاتها, ففي هذه الحالات

---

(1)   الذي تم التوقيع عليه من قبل كل من الولايات المتحدة الأمريكية والمملكة المتحـدة لمواجهة المدّ النازي في المانيا. وهو بهذا المعنى يختلـف عـن الحلـف الأطلسيـ أو مـا يسمى ب North Atlantic Testament Organization (N.A.T.O) حيث كان الهدف الأساس منه هو التصدي للمدّ الشيوعي أي ضد الأتحاد السوفياتي بالتعاون مع 12 دولة أوروبية, هي كل من: بريطانيا, فرنسا, الولايات المتحدة, كندا, هولندا, بلجيكا, آيسلندا, الدنمارك, اللوكسمبورغ, النرويج, البرتغال, أضافة الى تركيا.

-    للزيادة, أنظر, د. حامد سلطان, مرجع سابق, ص159.

(2)   وهي عبارة عن مستند مكتوب صـادر عـن رئيس الدولـة يحملـه المفاوض لأثبات صفته بالمفاوضة.

- لمزيد من التفاصيل, راجع, د. محمد المجذوب, مرجع سابق, ص342. ;كذلك, أنظر المادة 7 من أتفاقية فينا لقانون المعاهدات لعام 1969؛ كذلك أنظر, د. ابراهيم محمـد العناني, مرجع سابق, ص167؛ كذلك أنظر,

-    Malcolm Show, a.a.O., S. 815; and Matthias Herdegen, a.a.O., S. 115.

لايحتاج الأمر الى وثائق تفويض, وإلا يجب وقبل البدء بالمفاوضات تقديم هذا المستند للتحقق من صفة وسلطان المفاوض, وكل تفاوض أو تعاقد بغير هذا المستند يقع باطل. وخير مثال على ذلك, المعاهدة المبرمة بين الولايات المتحدة الأمريكية والدنمارك عام 1941 والتي تخول أمريكا بأقامة قواعد بحرية وجوية في كرينلاند. حيث كان المتفاوضين فيها وزراء خارجية كل من الدولتين, وكان ذلك بغير علم حكومة الدنمارك فأحتجت على هذا العمل وأعتبرته باطلاً قانوناً وسحبت المفاوض. فهو وان كان له حق المفاوضة دون وثيقة تفويض, إلا أنها ضرورية لتوقيع الأتفاق.[1]

الفرع الثاني
التحرير والتوقيع written & signature

عندما يتحقق التفاهم وتتفق وجهات النظر, يتم تدوين هذا الأتفاق في مستند مكتوب ويوقع عليه ممثلوا الدول المتعاقدة. والكتابة شرط تقليدي في المعاهدات وذلك من أجل أثبات الأتفاق وقطع الخلاف بشأن وجوده أو بشأن موضوعه أو مضمون نصوصه القانونية.

كما أن عملية تحرير المعاهدة تثير مسائل متعددة منها مايتعلق باللغة التي تحرر بها المعاهدة واقسام المعاهدة وأسلوب صياغتها. وفيما يلي ايجاز بهذه المسائل:

---

(1) للزيادة أنظر, د. حسن الحسن, التفاوض والعلاقات العامة, المؤسسة الجامعية للدراسات والنشر, ط1, بيروت, 1993, ص47.

1- لغة المعاهدة:

وتحرر المعاهدة عادة بلغة واحدة ان كانت هذه اللغة هي السائدة فيما بين الدول المتعاهدة. كما لوكانت الأطراف المتفاوضة دولاً عربية, عند ذاك تحرر المعاهدة باللغة العربية.

أما إذا كانت اللغة التي تسود تلك الدول المتعاهدة مختلفة, كميثاق منظمة الأمم المتحدة لعام 1945, الذي تم تحريره باللغات الستة الرسمية المعتمدة[1], وفي مثل هذه الحالة ينص صراحة في الأتفاق على أعتماد لغة واحدة عند التفسير أو أن لجميع هذه اللغات قوة متساوية في التفسير[2]. كما أشارت الى ذلك المادة 33 من أتفاقية قانون المعاهدات بالنص أنه "إذا وثقت المعاهدة بلغتين أو أكثر لنصها بأي من هذه اللغات نفس القوة مالم تنص المعاهدة أو يتفق الأطراف على أنه عند الأختلاف يسود نص معين...".

2- أقسام المعاهدة:

وتحرير المعاهدة عادة مايتضمن ثلاثة أقسام, فالقسم الأول منها يتضمن المقدمة أو الديباجة (Preamble), والتي يذكر فيها الأسباب والدوافع التي أدت الى عقد المعاهدة.

أما القسم الثاني من المعاهدة, فهو يتضمن بيان لأطراف المعاهدة فقد يلجأ الى ذكر أسماء الدول فقط أو ان الأتفاق قد يتم مابين الحكومات, أو

(1) وهي اللغة الأنكليزية والفرنسية والأسبانية والروسية والصينية والعربية.

(2) أنظر المادة 33 من أتفاقية فينا لقانون المعاهدات لعام 1969.

- United Nation; The Work of the International Law Commission, fifth edition, New York, 1996, S. 376; and Malcolm Show, a.a.O., S. 815.

رئيس أحدى الدول ودولة أخرى أو حكومة أخرى ومن الأمثلة على ذلك, الأتفاق المبرم عام 1899 بين الحكومة الأنكليزية والحكومة المصرية بشأن إدارة السودان, بينما في عام 1936 أبرمت معاهدة لنفس الغرض فيما بين ملك مصر- وملكة المملكة المتحدة.

أما القسم الثالث والأخير, فهو خاص بأحكام المعاهدة وذلك بشكل مواد مستقلة تندرج في صلب المعاهدة أو تلحق بها, وعادة مايقسم إلى أبواب وفصول وقد تتبعها ملاحق (Annexes) كما هو حال ميثاق جامعة الدول العربية 1945, إذ يتألف من 30 مادة و3 ملاحق.

وكذلك المعاهدة المصرية- الأسرائيلية المبرمة عام 1979, إذ تتضمن ملحقان مع خارطة توضح الحدود المرسومة بين الطرفين وتعتبر جزء لايتجزأ من المعاهدة.

وبعد الأنتهاء من تحرير المعاهدة يوقع عليها المندوبون المفاضون للدول المتعاقدة مع ملاحظة مسألة مهمة جداً, وهي ضرورة ان يكون هؤلاء المندوبون المفاوضون مزودين بأوراق تفويض خاصة تخولهم التوقيع على المعاهدة, كي ينسب التوقيع الى الدولة مباشرة.إلا في حالة واحدة فق ط ه ي حالة إذا كان التوقيع على المعاهدة من جانب رئيس الدولة أو رئيس الحكومة أو وزير خارجيتها, عندها لايحتاجون الى أوراق تفويف يزودون بها.

التوقيع بالأحرف الأولى [1] Paraphierung

قد يلجأ المتفاوضين قبل التوقيع الكامل الى التوقيع بالأحرف الأولى للأسماء وذلك اذا كانوا لايستطيعون توقيع الوثيقة بشكل نهائي, بل يمرٌّ بمرحلتين: التوقيع بالأحرف الأولى والتوقيع بالأسماء كاملة.

والقصد من ذلك, هو رجوع المندوبين الى دولهم وعرض المعاهدة على السلطة صاحبة الأختصاص في عقد المعاهدات (خاصة اذا كانت المعاهدات مهمة). وقد لاتلتزم بها الدولة اذا كانت المعاهدة لاتتفق وأحكام دستورها, فتعدل عن التوقيع النهائي.

وقد تؤيد موقف المتفاوضين وتوقع على المعاهدة بشكل نهائي, ذلك لأن للدولة الحرية المطلقة في العدول عن التوقيع النهائي, لأن التوقيع بالأحرف الأولى لايعد توقيعاً ملزماً إلا في حالة واحدة فقط. وهي مانصت عليه الفقرة الثانية من المادة 12 من أتفاقية فينا لقانون المعاهدات لعام 1969 وبالقول:

أ) يعتبر التوقيع بالأحرف الأولى على نص معاهدة من قبيل التوقيع على المعاهدة اذا ثبت ان الدول المتفاوضة قد أتفقت على ذلك.

ب) يعتبر التوقيع بشرط الرجوع الى الدولة على معاهدة من جانب ممثل الدولة من قبيل التوقيع الكامل عليها اذا أجازته الدولة بعد ذلك.

والتوقيع على المعاهدة من قبل الأطراف المتفاوضة يعني تأهيلها لعملية التصديق وبالتالي, فهناك واجب يلزم الأطراف بالأمتناع عن إجراء أي

(1) أنظر, د. ابراهيم محمد العناني, مرجع سابق, ص188.

تصرف يخالف ماتم الأتفاق علية الى أن يتم التصديق على المعاهدة أو أعلان الدولة صراحة عدولها عن التصديق.

الفرع الثالث

التصديق ratification

وهو إجراء تثبت به الدولة على الصعيد الدولي موافقتها على الألتزام بالمعاهدة, ولكي تكتسب المعاهدة التي تم توقيعها توقيعاً نهائياً وصف الألزام لأطرافها من الدول لابد من تصديقها. أي الحصول على إقرار السلطة المختصة في داخل الدولة للمعاهدة التي تم توقيعها.

الحكمة من التصديق:

ماهي الحكمة من التصديق, ولماذا يشترط القانون الدولي العام التصديق على المعاهدات؟

والحقيقة هناك عدة أعتبارت تحدد الحكمة من التصديق, منها:

1) الأقرار بأثر رجعي من جانب الدولة بتصرفات مندوبها المفاوض القانونية الذي قام بأبرام المعاهدة الدولية.

2) إعطاء الفرصة لكل دولة لإعادة النظر قبل الألتزام النهائي بالمعاهدات.

3) إفساح المجال للسلطة التشريعية لابداء الرأي والتصحيح فبما يتم الأتفاق عليه.

تبادل وثائق التصديق:

ان عملية أنعقاد المعاهدة ومن ثم نفاذها لايتحقق إلا من خلال تبادل وثائق التصديقات فيما بينها ويتم ذلك في محضر أجتماع يسمى محضر- تبادل التصديقات.

أو إيداع وثائق التصديق لدى الجهة المختصة أو الوديع وهو أحد الدول الأطراف في المعاهدة وبتبادل التصديقات تدخل المعاهدة نهائياً في حيز النفاذ الدولي, كما أشارت الى ذلك المادة 16 من أتفاقية قانون المعاهدات بالنص "أن وثائق التصديق تعبر عن موافقة الدولة على الألتزام بالمعاهدة متى تم:

أ)   تبادلها بين الدول المتعاقدة,

ب)   إيداعها لدى جهة الأيداع,

ج)   إخطار الدول المتعاقدة أو جهة الأيداع بها, إذا ماتم الأتفاق على ذلك".

مبدأ حرية التصديق:

بما أن التصديق هو تصرف قانوني تقوم به الدولة ويخضع لسلطتها التقديرية, فهل يحق للدولة في هذه الحالة الأمتناع عن تصديق المعاهدة قبل التوقيع عليها؟ والجواب هو ان حرية الدولة في التصديق تتجلى بمايلي:

1   عدم تحديد موعد للتصديق: فالدولة حرة في أختيار الوقت المناسب لإجراء عملية التصديق, وليس للتصديق أجل محدد, إلا إذا تم تحديده صراحة في المعاهدة (كالمعاهدات التي عقدها الأتحاد السوفياتي عام 1939 مع كل من لاتيفيا ولتوانيا وأستونيا. إذ حدد فيها أجلاً أقصاه لمدة ستة أيام لتبادل وثائق التصديق). وخلاف ذلك, فقد يتأخر

التصديق عدة سنوات (كالمعاهدة المعقودة بين كندا والولايات المتحدة الأمريكية عام 1930, بشأن تنظيم صيد الأسماك حيث تم التصديق عليها عام 1937)[1].

2) رفض التصديق: إذ قد تمتنع الدولة عن التصديق لأسباب عديدة من بينها: تغير الظروف التي أبرمت لأجلها المعاهدة؛ أو تجاوز المفاوض حدود صلاحياته المنصوص علها في وثيقة التفويض؛ أو بسبب إكراه ممثل الدولة على التوقيع على المعاهدة.

وأمتناع الدولة عن التصديق على المعاهدة لايثير مسؤليتها الدولية من الناحية القانونية فيما إذا نصت المعاهدة على انها لاتكون ملزمة إلا بعد التصديق عليها. أما اذا نصت المعاهدة على أنها ملزمة بمجرد التوقيع عليها وأن مسألة نفاذ المعاهدة داخل الدولة يتوقف على التصديق فقط, ففي هذه الحالة تكون الدولة ملزمة بتنفيذها دولياً, وإلا تثار مسؤوليتها الدولية من الناحية القانونية.

والأمتناع عن التصديق يشكل عملاً غير ودياً تجاه الطرف الآخر في المعاهدة, ومثال ذلك, أمتناع مجلس الشيوخ الأمريكي عن تصديق أتفاقية عام 1919, لعدم موائمتها لمبدأ مونرو التي كانت الولايات المتحدة الأمريكية تنتهجه آنذاك, وبذلك لم تنظم الى عهد عصبة الأمم.[2]

(1) أنظر, د. حامد سلطان, مرجع سابق, ص166.

(2) Malcolm Show, a.a.O., S. 819.

السلطة المختصة بالتصديق:

أن الدستور الداخلي لكل دولة هو الذي يحدد السلطة المختصة بالتصديق على المعاهدات, فقد ينحصر بالسلطة التنفيذية وحدها, أو بالسلطة التشريعية وحدها, أو قد يجمع بين السلطتين التنفيذية والتشريعية معاً. وهذا ماتشير إليه المادة 110 من الميثاق, عندما تركت مسألة التصديق لكل دولة من الدول الموقعة على الميثاق تبعاً لنظامها الدستوري.

أ- إنفراد السلطة التنفيذية بالتصديق:

وهذا الأسلوب عادة ما يكون متبعاً في ظل الأنظمة الدكتاتورية والملكية المطلقة كالدستور الياباني لعام 1889 عندما كانت خاضعة للنظام الأمبراطوري.

ب- إنفراد السلطة التشريعية بالتصديق:

وهو أسلوب أستثنائي, وغالباً ما يطبق في الدول التي تتبع نظام الحكم الجماعي, كما هو حال الدستور التركي لعام 1924 حيث كانت الجمعية الوطنية وحدها تتمتع بحق التصديق حتى عام 1960.

ج- أشتراك السلطتين التنفيذية والتشريعية بالتصديق:

وهو الأسلوب الشائع بين غالبية الدول وإن كانت نسبة الأشتراك هذه تختلف من دولة لأخرى. إلا أن معظم الدساتير الحديثة تنص على ضرورة الحصول على موافقة البرلمان للتصديق على جميع المعاهدات أو المعاهدات الهامة فقط, وعادة ماتنص الدساتير على لائحة بالمعاهدات الهامة. ففي المانيا على سبيل المثال, بينما ينفرد رئيس الجمهورية بالتصديق على

المعاهدات الدولية, يلعب البرلمان دور الرقيب على التصديق[1], وفي فرنسا يصدق رئيس الجمهورية وحده على المعاهدات الدولية بأستثناء التجارية منها وكذلك التي تتطلب الموافقة المسبقة من البرلمان, كمعاهدات الصلح مثلاً[2].

التصديق الناقص:

وقد يكون التصديق مشروطاً بموافقة البرلمان أو السلطة التشريعة للدولة وذلك في نوع معين من تلك المعاهدات كمعاهدات الصلح والتحالف والتجارة والملاحة والمعاهدات المتعلقة بتعيين الحدود أو بتحميل خزانتها المالية شئ من النفقات, ففي مثل هذه المعاهدات لاتكون نافذة إلا إذا وافق عليها البرلمان. حتى وان صادق رئيس الدولة عليها من دون مراعاة الشروط الدستورية وتم تبادل التصديقات على هذا الأساس.

ولكن ماذا لو أبرمت المعاهدة من دون أحترام الشروط الدستورية للدولة؟ والأجابة على هذا التساؤل أثارت العديد من الخلافات الفقهية وخاصة في مثل هذه الحالة, أي بعد مصادقة رئيس الدولة عليها وتبادل التصديقات. وهناك ثلاثة اتجاهات[3] يمكن التركيز عليها في هذا الصدد:

- الأتجاه الأول: ويذهب الى أعتبار المعاهدة المصدق عليها من قبل رئيس الدولة صحيحة وتنتج آثاراً مقبولة في المحيط الدولي متى ماتم تبادل التصديقات بشأنها, ويستندون في ذلك الى:

---

(1) أنظر, المادة 59 من الدستور الألماني لعام 1949.

(2) أنظر المادة 11 من الدستور الفرنسي لعام 1958.

(3) أنظر, د. ابراهيم محمد العناني, مرجع سابق, ص182.

1) ان مسألة أستكمال الشروط الدستورية هي مسألة داخلية وتتعلق بقواعد القانون الداخلي للدولة. أما الأعراب عن إرادة الدولة فهي من أختصاص رئيس الدولة الذي يعتبر الأداة الرئيسية للدولة وبالتالي فهي مسألة دولية تتعلق بقواعد القانون الدولي ولاعلاقة لها بالأرادة المعلنة سواء كانت باطلة أم صحيحة.

2) ان الأخذ بهذا الأتجاه سوف يؤدي الى أستقرار المعاملات الدولية, وإلا فسوف يؤدي الى تدخل الدول في الشؤون الدخلية لبعضها البعض كي تراقب وتتأكد من تنفيذ الشروط الدستورية من عدمه فضلاً عن التشكيك في تصرفات رئيس الدولة. وهذا مالايتفق مع أحكام الفقرة 4 من المادة 2 من ميثاق الأمم المتحدة والتي تنص على مبدأ عدم التدخل في الشؤون الداخلية للدول.

3) ان قواعد القانون الدولي تسمو على قواعد القانون الداخلي, وهو مبدأ عام لايجوز مخالفته, وإخضاع القواعد القانونية الدولية المتعلقة بالتصديق للقواعد الدستورية الداخلية سوف يؤدي الى تبعية القانون الدولي للقانون الداخلي وهذا مايتجافى مع الوضع الطبيعي للنظام القانوني.

4) تمر المعاهدة بمراحل عديدة كي يتم تنفيذها, وكل مرحلة تتطلب الوقت الكافي للتفكير بها ومراجعتها من قبل السلطات الداخلية للدولة, فاذا ماتم التصديق عليها بعد ذلك فليس من المقبول ان تدعي الدولة ان تصديقها جاء ناقصاً وغير مستوفٍ للشروط الدستورية.

- **الأتجاه الثاني:** أما أنصار هذا الأتجاه فيذهبون الى بطلان التصديق

الناقص, إذ لايمكن ترتيب الأثر القانوني مالم تكن المعاهدة مستكملة للشروط الدستورية في الدولة. ويستندون في ذلك الى فكرة الأختصاص, أي لكي يكون التصديق صحيحاً يجب ان يكون صادراً من ذوي الأختصاص, وبالتالي يجب الرجوع الى دستور الدولة لمعرفة شروط صحة التصديق.

فاذا كانت تشترط مشاركة البرلمان لرئيس الدولة في التصديق على المعاهدات عند ذلك لايجوز ان ينفرد رئيس الدولة بالتصديق وألا فان عمله يعد تجاوزاً لأختصاصه ولايترتب عليه أي أثر قانوني للمعاهدة.

الأتجاه الثالث: فهو على الرغم من تأييده لبطلان هذا التصرف إلا أنه يعتبره صحيحاً كجزاء للدولة التي صدر عن رئيسها. إي ان اصحاب هذا الأتجاه يقرون بفكرة الأختصاص. ولكن في حالة مخالفة رئيس الدولة لأختصاصه واحداث آثار قانونية دولية نتيجة لذلك, فالدولة تتحمل عبء المسؤولية الدولية. وكتعويض عن هذه المسؤولية هو اعتماد التصديق الناقص, وترتيب كافة الأثار القانونية التي تترتب على التصديق الصحيح.

الرأي المعتمد: ان ماجرى عليه العمل الدولي ومأأخذ به الفقه والقضاء الدولي يشير الى أعتماد الأتجاه الأول. فالمادة 47 من أتفاقية فينا لقانون المعاهدات[1] نصت على "اذا خضعت سلطة ممثل الدولة في التعبير عن موافتها للألتزام بمعاهدة معينة لقيد محدد, فان عدم التزامه بهذا القيد لايجوز ان يتخذ حجة لإبطال الموافقة التي عبر عنها الممثل...".

(1) United Nation, a.a.O., S. 371.

الفرع الرابع
التسجيل rigistration

ويقصد بالتسجيل هو إيداع المعاهدة لدى الأمانة العامة للأمم المتحدة وتسجيلها في سجل خاص بالتسجيل وتحريرها باللغات الرسمية الستة للأمم المتحدة مع أسم المعاهدة وأسماء الموقعين عليها وتأريخ التوقيع والتصديق وتبادل التصديقات كذلك تأريخ الأنظمام اذا كانت هناك دولة منظمة لهذه المعاهدة, ثم تأريخ نفاذها ومدة العمل بها وماهي اللغة التي حررت بها.

ولتسجيل المعاهدات أهمية بالغة تكمن في سببين أثنين:

- الأول: هو لتدوين أحكام المعاهدة باللغات المعتمدة لدى الدول المتعاقدة, لكي يسهل الرجوع اليها عند التطبيق أو التفسير وتحول دون أية مشكلة فد تصاحب عملية تنفيذ الأتفاقية.
- الثاني: هو للقضاء على الأتفاقات السرية التي قد تلجأ اليها بعض الدول للتحالف فيما بينها لتدبير الأعتداءات ضد غيرها من الدول, وخير مثال على ذلك, أتفاقية غرناطة المبرمة عام 1500 بين كل من فرنسا وأسبانيا لغزو مملكة نابولي, وهي تعد أول أتفاقية من هذا القبيل. كذلك أتفاقية سايكس بيكو عام 1916 بين كل من بريطانيا وفرنسا وروسيا لتقسيم البلاد العربية فيما بينهم.

ولأهمية هذه المرحلة في المعاهدات لكي تصبح تامة ونافذة, فقد أشارت اليها معظم الأتفاقيات الدولية الشارعة. ففي المادة 18 من عهد عصبة الأمم نصت بأن "كل معاهدة أو أتفاق دولي يعقد بين أعضاء عصبة الأمم يجب تسجيله في سكرتارية العصبة وأعلانه في أقرب فرصة ممكنة ولاتكون

أمثال هذه المعاهدات والأتفاقات الدولية ملزمة إلا بعد هذا التسجيل"[1].

وكذلك نص الفقرة الأولى من المادة 102 من ميثاق منظمة الأمم المتحدة حيث أشارت بأنه "كل معاهدة أو أتفاق دولي يعقده اي عضو من أعضاء الأمم المتحدة بعد العمل بهذا الميثاق يجب أن يسجل في أمانة الهيئة وان تقوم بنشره بأسرع مايمكن"[2]. وكذلك نص المادة 80 من أتفاقية قانون المعاهدات التي تنص "ترسل المعاهدات بعد بدء نفاذها الى الأمانة العامة للأمم المتحدة لتسجيلها وحفظها وأثباتها في القائمة ونشرها"[3].

وفي هذا الخصوص, قد يثار التساؤل حول الأثار المترتبة من جراء عدم تسجيل المعاهدة؟

وهنا يذهب البعض من الفقهاء على اعتبار المعاهدة التي لم يتم تسجيلها في الأمانة العامة للأمم المتحدة تعد باطلة. إلا أن الرأي الغالب والمرجح في هذه المسألة هو اعتبار المعاهدة صحيحة ونافذة تجاه أطرافها وتجاه الغير أيضاً, إلا أن آثار هذه المعاهدة لاتنتج تجاه أي فرع من فروع الأمم المتحدة. وانه في حالة وقوع اي خلاف فيما بين الدول المتعاقدة والتي لم تسجل معاهدتها امام أمانة الأمم المتحدة, فلا يمكن الأحتجاج بها أو التمسك بها في مواجهة محكمة العدل الدولية أو اية محكمة تحكيمية أخرى أو اي

---

(1) أنظر, د. محمد المجذوب, مرجع سابق, ص372؛ كذلك أنظر, د. ابراهيم محمد العناني, مرجع سابق, ص195.

(2) أنظر د. حامد سلطان, مرجع سابق, ص172؛ وكذلك أنظر, د. محمد طلعت الغنيمي و د. محمد السعيد الدقاق, مرجع سابق, ص192.

(3) United Nations, a.a.o., S. 382.

جهاز من أجهزة الأمم المتحدة, لأنها تقع باطلة في مثل هذه الحالة مالم يتم تسجيلها.[1]

أما عن نشر المعاهدة المسجلة, فهو من أختصاص الأمانة العامة للأمم المتحدة التي تقوم بالنشر بين الدول الأعضاء في الأمم المتحدة ويكون ذلك بلغة واحدة أو باللغات المعتمدة في المعاهدة نفسها (التي حررت بها المعاهدة) مع ترجمة خاصة بالفرنسية والأنكليزية مرفقة بها.[2]

المطلب الثالث

التحفظ على المعاهدات[3] Reservation

ويقصد بالتحفظ على المعاهدات الدولية عموماً بأنه "إعلان صادر عن الدولة ذاتها أياً كانت صيغته أو تسميته عند توقيعها أو تصديقها أو قبولها أو موافقتها أو أنظمامها الى معاهدة, وتهدف به أستبعاد أو تعديل الأثر القانوني لأحكام معينة في المعاهدة من حيث سريانها على هذه الدولة".[4]

فالتحفظ يعني قبول الدولة للمعاهدة بمجموعها مع أستثناء بعض الأحكام

---

(1) أنظر, د. ابراهيم محمد العناني, مرجع سابق, ص196.

(2) للزيادة أنظر, د. عدنان الدوري, العلاقات الدولية المعاصرة, منشورات الجامعة المفتوحة, ط1, بنغازي, 1992, ص195-197.

(3) Matthias Herdegen, a.a.O., S. 119; Malcolm Show, a.a.O., S. 821.

(4) أنظر, د. ابراهيم محمد العناني, مرجع سابق, ص198؛ كذلك أنظر, د. محمد طلعت الغنيمي, مرجع سابق, ص193؛ وراجع أيضاً, د. محمد المجذوب, مرجع سابق, ص360؛ وكذلك أنظر, د. سموحي فوق العادة, مرجع سابق, ص168.

التي تعد ملزمة لها. وهو في المعاهدات الثنائية (العقدية) يؤدي الى إلغاء البند المتعلق به. أما في المعاهدات العامة والمتعددة الأطراف فان الدولة تستبعد الأحكام التي تحفظت بشأنها فقط في علاقاتها مع باقي الأطراف المتعاقدة.(1)

كما أن التحفظ قد ينحصر بتعديل بند أو أضافة معنى معين له, فضلاً عن مزاياه الأخرى والتي من بينها أهمية أزدياد عدد الموقعين على المعاهدات الدولية.

وهذا لايعني أنه لاتوجد هناك عيوباً للتحفظ, فهو يقضي على أهمية المعاهدة, كما أنه يضعف قوتها الملزمة.

المطلب الرابع
الأتفاقات ذات الشكل المبسط (2) **Executive Agreement**

وهي نمط من المعاهدات التي تنتهي إجراءات إبرامها بالتوقيع عليها ومن دون الحاجة الى تصديقها. أي ان الدولة وبموجب هذا الشكل من المعاهدات تعلن عن ارادتها نهائياً بالألتزام بالمعاهدة في مرحلة التحرير والتوقيع دون حاجة لمراحل لاحقة أخرى.

حيث تنعقد بمجرد تبادل الخطابات أو مذكرات ماتم التوقيع عليه, وذلك عن طريق رئيس الدولة مباشرةً أو وزير خارجيتها أو مندوبيها المفوضين.

---

(1) أنظر, د. ابراهيم محمد العناني, مرجع سابق, ص199.

(2) أو الأتفاق التنفيذي, وهو مصطلح عرف في الولايات المتحدة الأمريكية وبموجبه يكون من حق الرئيس ان يصدق على المعاهدات دون حاجة للجوء الى مجلس الشيوخ, أنظر د. أحمد سرحال, مرجع سابق, ص70.

ونظراً لبساطة هذه الطريقة المختصرة وسرعتها في إبرام المعاهدات, فقد عرفتها الولايات المتحدة الأمريكية ونفذتها من دون أن تنتظر مصادقة مجلس الشيوخ عليها, (وقد فاق عدد الأتفاقات المبسطة التي عقدتها الولايات المتحدة الأمريكية مع غيرها من الدول منذ نهاية الحرب العالمية الثانية ال1250 إتفاقاً, بينما لم يتعدى عدد المعاهدات العادية التقليدية ال800 معاهدة)[1].

وكذلك, فأن حرية الدولة في أبرام هذا الشكل من المعاهدات أو المعاهدات ذات الشكل الكامل Canass تتحدد أساساً وفقاً لدستورها. وقد يترتب على ذلك, انعقاد المعاهدة الواحدة بالشكل المبسط بالنسبة لأحد أطرافها وبشكل كامل بالنسبة للطرف الأخر من ذات المعاهدة. وخير مثال على ذلك, أتفاقية عام 1955 الموقعة بين الولايات المتحدة الأمريكية وكوستريكا ونيكاراغوا للأتفاق على أنشاء قناة توصل بين المحيطين الأطلسي والهادي. فهي مبسطة الأجراءات بالنسبة للطرف الأول ولكنها وحسب الدستور كاملة الأجراءات بالنسبة لكل من كوستريكا ونيكاراغوا.[2]

وعلاوة على ذلك, فقد أشارت الى هذا الشكل من المعاهدات أتفاقية فينا لقانون المعاهدات لعام 1969, وذلك في الفقرة الأولى من المادة 12 بالقول:

موافقة الدولة على الألتزام بمعاهدة ما يعبر عنها بتوقيع ممثلها, وذلك في حالة:

---

(1)   أنظر, د. أحمد سرحال, المرجع السابق, ص70.

(2)   للزيادة راجع, د. حامد سلطان, مرجع سابق, ص173.

أ) إذا نـص علـى ذلـك صراحـة في المعاهـدة. ومثال ذلـك مـا نصـت عليـه المـادة 12 من أتفاقية جلاء القوات البريطانية عن مصر عام 1954, مـن أن نفـاذ الأتفاقية يبدأ من يوم التوقيع عليها.[1]

ب) إذا أتفقت الدول الأطراف على ذلك,

ج) إذا تمت الأشارة الى ذلك في وثائق التفويض أو أثناء المفاوضات).[2]

المطلب الخامس

شروط صحة إنعقاد المعاهدات

لكي تنعقد المعاهدة بشكل صحيح لابد من تـوافر شروط أخـرى فضلاً عـن الشروط الشكلية المتمثلة (بالمفاوضة والتحريـر والتوقيـع والتصـديق ومـن ثـم تسجيلها لدى الأمانة العامة للمنظمة الدولية), وهذه الشروط تتعلـق بموضوع المعاهدة والتي تتمثل (بالأهلية ومشروعية محل المعاهدة ومن ثم سلامة الرضا من العيوب), وهي ماسنتناوله تباعاً:

الفرع الأول

الأهلية القانونية

ومن المعلوم ان إبرام المعاهدات ما هو إلا مظهر من مظاهر سيادة الـدول, ومن ثم يكون للدول تامة السيادة الأهليـة القانونيـة اللازمـة لعقد المعاهـدات بمختلف أنواعها.

أما عن الدول ناقصة السيادة, أي تلك التي تحكمها علاقة تبعية مع دولة

---

(1) أنظر, د. ابراهيم محمد العناني, مرجع سابق, ص187.

(2) United Nations, a.a.O., S. 360.

أخرى تكون مسؤولة عن إدارة شؤونها الخارجية. فأنها ومن الطبيعي أن تكون أهليتها ناقصة ولايمكنها من أبرام أية معاهدة دولية, ذلك لأن هذا الأجراء سيكون من أختصاص الدول صاحبة الولاية عليها.

كذلك لايجوز للدولة الموضوعة في حالة حياد دائم أن تبرم من المعاهدات مايتنافى مع حالة حيادها, كما لو أبرمت معاهدات خاصة بالتحالف العسكري أو أبرام معاهدات تجارية أو معاهدات تعاون مشترك مع دول أخرى تكون في حالة حرب.[1]

الفرع الثاني
مشروعية محل المعاهدة

وطبقاً لهذا الشرط, يجب ان يكون موضوع المعاهدة مشروعاً وممكن التحقق. إذ لايحق للدولة ان تتعاقد ويكون موضوعها مخالفاً لقاعدة قانونية آمرة من القواعد الدولية, لأن ذلك سوف يؤدي الى بطلانها. وهـذا ما أشارت اليه المادة 53 من أتفاقية فينا لقانون المعاهدات, بالقول (تعتبر المعاهدة باطلة بطلاناً مطلقاً اذا كانت وقت ابرامها تتعارض مع قاعدة آمرة من قواعد القانون الدولي العامة).

كما وتعتبر القاعدة الدولية قاعدة آمرة, إذا كانت مقبولة ومعترف بها من الجماعة الدولية كقاعدة لايجوز الأخلال بها ولايمكن تغييرها إلا بقاعدة لاحقة من قواعد القانون الدولي العام ويكون لها نفس الطابع. ويعتبر تحريم تجارة الرقيق الأبيض أو الأسود أو تجارة المخدرات من قبيل القواعد الآمرة.

---

(1) للزيادة راجع, د. محمد المجذوب, مرجع سابق, ص376.

ولايقتصر هذا الحال على القواعد الدولية الآمرة بل وللقواعد العامة للقانون الدولي, إذ يجب ان لايكون موضوع المعاهدة مخالفاً لها أيضاً, كما لو تتفق دولتان سراً على الأعتداء على دولة ثالثة, أو تتفق دولتان على أستغلال أسرى الحرب وتشغيلهم في الصناعة لديها.[1]

وعلى ذلك, فقد أكدت منظمة الأمم المتحدة على ضرورة اعتبار مثل هذه الألتزامات باطلة, وبخاصة اذا كانت تتعارض مع أحكام الميثاق, وفقاً لنص المادة 103 على أنه (اذا تعارضت الألتزامات التي يرتبط بها أعضاء الأمم المتحدة وفقاً لهذا الميثاق مع أي التزام آخر يرتبطون به فالعبرة بالتزاماتهم المترتبة على هذا الميثاق).

وكذلك يجب ان يكون محل المعاهدة ممكن التحقق, إذ لايمكن للدولة ان تبرم معاهدة يكون محلها غير مشروع ومستحيل التنفيذ, كما لو تتفق دولتان على تطبيق معاهدة يكون موضوعها منافياً للآداب والأخلاق العامة. أو تتفق الدولتان على أن تتنازل الأولى للثانية عن مستعمرة ليس لها عليها أي حق.

(1) للزيادة راجع, د. حامد سلطان, مرجع سابق, ص147؛ وكذلك, د. إبراهيم أحمد شلبي, مرجع سابق, ص622.

الفرع الثالث
سلامة الرضا من العيوب

وعيوب الرضا هي الغلط والغش والتدليس والأكراه:

أولاً- الغلط[1] **Error**

وهو تصور الحقيقة بشأن واقعة معينة كان لها أثرها في أرتضاء أحد الأطراف بالتقيد بالمعاهدة. كما يجب أن يكون جوهرياً لإفساد الأرتضاء بالمعاهدة.

والغلط على نوعين, الغلط الواقعي وهو غلط جوهري يتعلق بوجود واقعة معينة أعتقدت الدولة بوجودها عند إبرام المعاهدة وكانت سبباً جوهرياً في إرتضائها للألتزام بها.

والغلط القانوني وهو غلط بسيط لايترتب عليه بطلان المعاهدة كالغلط في صياغة نص المعاهدة, وبالتالي لايؤثر في صياغة نص المعاهدة, وبالتالي لايؤثر في صحتها. وإنما يلجأ الى تصحيح الخطأ وذلك بتحرير نص مصحح للمعاهدة.[2]

ثانياً: الغش والتدليس[3] **Fraud and corruption**

والغش أوسع نطاقاً من الغلط فهو يثير مسؤولية الدولة التي لجأت الى التدليس في سلوكها بقصد دفع الطرف الأخر للمعاهدة على فهم أمر على

(1) Malcom Schow, a.a.O., S. 847.

(2) أنظر, د. محمد المجذوب, مرجع سابق, ص 379؛ وكذلك أنظر, د. إبراهيم أحمد شلبي, مرجع سابق, ص 274.

(3) Malcom Schow, a.a.O., S. 848.

غير حقيقته (الغش) ومن ثم قبوله للمعاهدة بناءاً على هذا الفهم الخاطئ. وهو لايبطل المعاهدة كالغلط, وانما يترك للدولة التي كانت ضحية التدليس الحق في المطالبة بالغاء الأحكام التي يعيبها الغش. والإ فسوف تكون سبباً لنشوء نزاع دولي ومن ثم ترتيب المسؤولية الدولية نتيجة لهذا التصرف الدولي غير المشروع[1]. ومن أمثلة الغش في التعامل الدولي, ماقامت به ايطاليا تجاه الحبشة عام 1899 في معاهدة أوكيالي[2].

ثالثاً- الأكراه[3] **Coercion** :

وهو عبارة عن ضغط يقع على الشخص فيبعث في نفسه الخوف والرهبة مما يحمله على التعاقد, والأكراه يعدم الأرادة ويبطلها, وكذلك فهو على نوعين: الأكراه على ممثل الدولة, والأكراه الواقع على الدولة ذاتها.

---

(1) مع ذلك تقرر المادة 49 من أتفاقية قانون المعاهدات على انه (يجوز للدولة التي يدفعها السلوك التدليسي لدولة متفاوضة أخرى الى ابرام معاهدة أن تستند الى الغش كسبب لإبطال إرتضائها الألتزام بالمعاهدة). أنظر, د. حامد سلطان, مرجع سابق, ص 177.

(2) وجدير بالذكر, ان هذه المعاهدة كانت قد حررت بنسختين, الأولى باللغة الحبشية (الأمهرية). والثانية بالأيطالية, حيث كانت النسخة الأيطالية محرفة في نص من نصوصها, والذي يقضي بألتجاء ملك الحبشة الى خدمات أيطاليا أمراً اجبارياً. في حين ان النص الأصلي يقضي بأنه أمر أختياري. وبعد توقيع المعاهدة تدخلت أيطاليا في الحبشة استناداً الى هذه المعاهده مما أدى الى نشوب الحرب بينهما.

- للزيادة راجع, د. محمد طلعت الغنيمي, قانون السلام, منشأة المعارف, الأسكندرية, 1982, ص 164.

(3) Malcom Schow, a.a.O., S. 848.

أولاً- الأكراه الواقع على ممثل الدولة:

وهذا النوع من الأكراه هو مانصت عليه المادة 51 من أتفاقية فينا لقانون المعاهدات حينما قررت ببطلان المعاهدة وعدم ترتيب اي أثر قانوني لها إذا صدرت نتيجة أكراه لممثل الدولة سواء كان ذلك بالقوة أو بالتهديد. والأمثلة على ذلك كثيرة, ومنها معاهدة مدريد عام 1526[1].

والتأريخ الحديث كان قد عرف العديد من المعاهدات المبرمة تحت الأكراه, ففي عام 1905 عقدت اليابان معاهدة مع كوريا بموجبها تم وضع كوريا تحت الحماية اليابانية وقد تم توقيع هذه المعاهدة بعد ان أحتلت القوات اليابانية قصر الأمبراطور الكوري وقامت بسجنه مع وزرائه لمدة عشر ساعات وهددتهم بالقتل.

وفي عام 1939, قام هتلر بأكراه الرئيس هاشا رئيس جمهورية تشيكوسلفاكيا (سابقاً) للتوقيع على معاهدة تم فرض الحماية الألمانية بموجبها على أقليمي بوهيميا ومورافيا.[2]

(1) وتعد أول معاهدة ابرمت تحت الأكراه, وقد أرغم بموجبها ملك فرنسا للتنازل عن مقاطعة بورغونيا الفرنسية لصالح أسبانيا وذلك إثر وقوعه في الأسر بيد الطليان. إلا ان فرانسوا الأول كان قد أعلن عن بطلان المعاهدة بسبب الأكراه بمجرد اطلاق سراحه وعودته الى فرنسا.
- أنظر, د. أحمد سرحال, مرجع سابق, ص91.

(2) أنظر, د. محمد طلعت الغنيمي و د. محمد السعيد الدقاق, مرجع سابق, ص216.

ثانياً- الأكراه الواقع على الدولة ذاتها:

وقد تقوم الدولة بأحتلال دولة أخرى وتبرم معاهدة معهـا بـالقوة مـن أجـل التنازل لها عن بعض الأراضي أو أقرار الأحتلال, ومثال ذلك, ماقامت بـه اليابان عام 1915 عندما أبرمت معاهدة مع الصين بعد ان أحتلـت مقاطعـة شـانتونغ, حيث هددت الصين بأحتلال جميع الأراضي الصينية إن لم توقع علـى المعاهـدة خـلال 48 ساعة. وكـذلك الحـال بالنسـبة للمعاهـدات التـي أبرمتهـا الولايـات المتحدة الأمريكية مع العراق بعد أحتلالها له عام 2003 إذ تعـد باطلـة بطلانـاً مطلقاً.[1]

فالمادة 52 من أتفاقية فينا أشارت الى هذا النوع مـن الأكـراه ايضـاً بـالقول, أنه اذا كان الأكراه واقعاً على الدولة ذاتها في صورة استعمال القـوة تجاههـا أو التهديد بأستعمالها وبشكل مخالف لمبادئ القانون الـدولي الـواردة في ميثـاق الأمم المتحدة فان المعاهدة التي تنعقد نتيجة لهذا الأكراه تعد باطلـة بطلانـاً مطلقاً ولا يترتب عليها اي أثر قانوني.

إلا ان هنـاك حالـة واحـدة فقـط لم يعتـبر فيهـا الأكـراه كسـبب لإبطـال المعاهدات, وهي حالـة معاهـدات الصـلح التـي تمـت بيـن الـدول المهزومـة في الحرب والدول المنتصرة. حيث جرى العمـل الـدولي علـى اعتبارهـا معاهـدات صحيحة, وذلك رغبة في كفالة استقرار المعاملات والألتزامات الدولية.[2]

---

(1) See, Dr. Ali Alkubtan, Das Prinzip des Gewaltverbot im Völkerrecht und "die Militäraktionen gegen Afgahnistan und den Irak", Uni. Bayreuth Verl., Bayreuth, 2008, S. 22f.

(2) أنظر, د. حامد سلطان, مرجع سابق, ص 178.

المطلب السادس

نطاق تنفيذ المعاهدات

بعد ان تستوفي المعاهدة كافة شروطها الشكلية والموضوعية, تصبح نافذة في دائرة العلاقات القانونية الدولية, ومن ثم تصبح أحكامها ملزمة للدول الأطراف فيها. ومن الطبيعي ان هذه المعاهدة سوف لاتلزم إلا الدول التي عقدتها وفي حدود نطاق تنفيذها من حيث المكان والزمان والأشخاص الذين تمتد اليهم.

الفرع الأول

النطاق الأقليمي

وهذا ما أشارت اليه المادة 29 من أتفاقية فينا بالقول (ان المعاهدة تلزم كل طرف فيها عبر أقليمه بالكامل مالم ينصرف قصد أطرافها الى غير ذلك صراحة أو ضمناً).

وهذا يعني سريان المعاهدة عبرأقليم الدولة البري والجوي والبحري بالكامل إلا ان ذلك ليس مطلقاً, فقد يقتصر سريان المعاهدة على منطقة معينة خاصة في المعاهدات التي تنشئ نظاماً خاصاً لمرور الأشخاص والأموال في المناطق الحدودية.

فضلاً على ذلك, فان للدولة المتعاقدة الحق في استبعاد مستعمراتها من تطبيق المعاهدة شرط ان تنص المعاهدة أو تعلن عن ذلك عند التوقيع أو التصديق على المعاهدة, ومثال ذلك المعاهدة المنشئة لحلف الناتو (حلف شمال الأطلسي), الذي قررت فيه فرنسا قصر أحكام المعاهدة على الأقليم

الفرنسي فقط دون ان تمتد الى مستعمراتها.[1]

الفرع الثاني

النطاق الزمني

لقد جرت العادة على تحديد وقت معين تكون فيه المعاهدة نافذة, وهو غالباً مايتم من وقت تبادل التصديقات. ومع ذلك فقد يذكر صراحة في نص المعاهدة على تأريخ لاحق لتبادل التصديق كأن تكون المعاهدة نافذة بعد مرور شهر أو أكثر منذ تبادل الدول لتصديقاتها.

كما يمكن للدول المتعاقدة الأتفاق على سريان آثار المعاهدة ليشمل وقائع حدثت في الماضي, شرط ان يتم ذلك في المعاهدة وبشكل صريح أو ضمني. ذلك لأن الأصل هو خضوع المعاهدة لقاعدة (عدم رجعية المعاهدات), أي ان المعاهدة المعقودة لاتسري على وقائع تمت في الماضي وان الدول الأطراف فيها لايلتزمون بها إلا من تأريخ العمل بها أي تأريخ نفاذها.

والمادة 28 من أتفاقية قانون المعاهدات تقرر صراحة بتبنيها لمبدأ عدم رجعية المعاهدات الدولية بالنص انه (مالم يظهر قصد مغاير أو يثبت خلاف ذلك بطريقة أخرى فان نصوص المعاهدة لاتلزم طرفا فيها بشأن أي عمل أو واقعة تمت أو حالة انتهى وجودها قبل تأريخ بدء نفاذ المعاهدةً في مواجهة ذلك الطرف). إلا ان تطبيق هذا المبدأ (عدم رجعية المعاهدات), قد يثير التساؤل حول الأتفاق الواجب التطبيق بشأن نزاع معين اذا ماتعاقبت

(1) للزيادة أنظر, د. محمد طلعت الغنيمي و د. محمد السعيد الدقاق, مرجع سابق, ص260.

بشأنه أكثر من أتفاقية بين أطراف النزاع؟

فكثيراً ما يحدث ان يعرض النزاع على القاضي أو المحكم الدولي للفصل فيه ويكون ذلك في ظل قواعد قانونية معينو, ثم يحدث ان تطول مدة الفصل في النزاع فتكون تلك القواعد القانونية الدولية الأولى قد تغيرت لتحل محلها قواعد أتفاقية جديدة. فعلى أية قواعد سيستند القاضي أو المحكم الدولي في فصله للنزاع؟

والجواب على ذلك, أن القضاء الدولي ذهب الى الأخذ بأحكام الأتفاق الذي كان قائماً وقت حدوث النزاع, ولايعتد بأية قواعد قانونية لاحقة على ذلك النزاع وخير مثال على ذلك, ما ذهب اليه (Max Huber)

في قراره التحكيمي الشهير بشأن قضية جزيرة الماس ما بين الولايات المتحدة الأمريكية وهولندا, حيث جاء فيه (ينبغي على القاضي ان يعتد بالقانون الذي كان قائماً وقت حدوث الوقائع محل النزاع, لترتيب الأثار القانونية عليها. حتى ولو تعاقبت على مثل هذه الوقائع قواعد قانونية أخرى)[1].

الفرع الثالث

النطاق الشخصي

كقاعدة عامة هو ان المعاهدة الدولية لاتنطبق إلا بين أطرافها ولا ترتب آثاراً إلا في مواجهتهم سواء كانت تلك الأثار حقوقاً أم التزامات, وهذه القاعدة هي ماتسمى (بنسبية أثر المعاهدات). وقد عبرت عن هذا المبدأ

(1) للزيادة أنظر, د. أبراهيم أحمد شلبي, مرجع سابق, ص234.

صراحة محكمة العدل الدولية الدائمة بقولها (أن المعاهدة لاتعد قانوناً إلا بين الدول التي عقدتها), ونصت عليه أيضاً المادة 34 من أتفاقية فينا إذ تقرر (لاتنشئ المعاهدة التزاماً على الغير أو حقاً له بغير رضاه).

واذا كانت القاعدة العامة هي نسبية أثر المعاهدات, فان الأستثناء الوارد على هذه القاعدة هو سريان المعاهدة على غير أطرافها شرط أن يتم ذلك بالقبول والموافقة الصريحة من جانب أطراف المعاهدة, وهنا يجب التفرقة مابين المعاهدات التي ترتب التزامات على عاتق الغير ومابين المعاهدات التي تنشئ حقوقاً لصالح الغير.[1]

أولاً: المعاهدات التي ترتب التزاماً عاى عاتق الغير:

وهذا النوع من المعاهدات يتخذ أشكالاً متعددة في العمل الدولي. فقد تتضمن المعاهدة النص صراحة على التزام معين بالنسبة لدولة غير طرف في المعاهدة شرط قبول الدولة الغير بهذا الألتزام صراحة وبشكل خطي[2]. وقد تكون المعاهدة متعلقة بطرق المواصلات الدولية مثل القنوات والمضائق والأنهار الدولية كأتفاقية القسطنطينية لعام 1888 بشأن نظام الملاحة في قناة السويس, أو بتحقق الأمن والسلام الدوليين مثل, ميثاق الأمم المتحدة. أو بقصد حماية الثروة القومية للأنسانية مثل معاهدات حماية البيئة من التلوث.

كما يمكن ان تكون المعاهدة مقررة لمراكز قانونية موضوعية مثل

---

(1) Malcolm Show, a.a.O., S. 831.

(2)   راجع المادة 35 من أتفاقية فينا لقانون المعاهدات.

-   United Nation, a.a.O., S. 368.

أتفاقية فينا لعام 1815, والتي قررت حياد سويسرا الدائم.

ثانياً- المعاهدات التي تنشئ حقوقاً للغير:

وفي هذا النوع من المعاهدات إما ان تقرر حقوقاً للغير بصورة تلقائية كالمعاهدات المتعلقة بطرق المواصلات الدولية أو تلك المتعلقة بحفظ السلم والأمن الدوليين والتي سبق ذكرها. أو انها قد تقرر حقوقاً للغير وذلك بموجب نص صريح في المعاهدة كالأشتراط لمصلحة الغير أو حكم الدولة الأكثر رعاية.

أ- الأشتراط لمصلحة الغير **Stipulation Pour Autrui**

والأشتراط لمصلحة الغير عبارة عن عمل قانوني بواسطته تشترط دولة على أخرى بموجب أتفاقية باكساب حق أو منفعة أو ميزة الى دولة ثالثة لم تشارك في الأتفاقية وهي الدولة المستفيدة.

كما وتعتبر وسيلة لمدّ آثار المعاهدات الى دول لم تشارك فيها. وان هذا الأمتداد يقتصر على الآثار النافعة أي تلقي الحقوق أو المزايا دون ان تتحمل الألتزامات الواردة فيها.

والواقع ان الأشتراط في هذا النظام القانوني أنما يمثل عرضاً من جانب أطراف المعاهدة الى الدول الغير أي الدولة المستفيدة. وان هذه الدولة ليس لها ان تصدق على المعاهدة أو تنظم اليها, وأنما عليها ان تتملك أو تتنازل عن الحقوق المشترطة لصالحها, وذلك لأن هذا الحق أو المنفعة ثابت لها بموجب الأشتراط الأصلي في المعاهدة.

والدولة المستفيدة قد يتم تحديدها في نص الأشتراط. وخير مثال على ذلك, معاهدة فينا لعام 1815 والتي رتبت حقوقاً لصالح سويسرا على

المناطق الحرة.[1] وقد يكون المستفيد منها جميع الدول كما حصل ذلك في معاهدات الصلح فرساي لعام 1919, إذ نصت على (أعتبار قناة كييل مغتوحة لجميع الدول التي ستكون في حالة سلام مع ألمانيا).[2]

ولقد فصلت المادة 36 من أتفاقية فينا أحكام الأشتراط لمصلحة الغير بالنص (ينشأ حق للدولة نتيجة نص في المعاهدة اذا قصد أطراف المعاهدة بهذا النص منح هذا الحق للدولة الغير أو مجموعة من الدول أو لسائر الدول الأخرى غير الأطراف فيها ووافقت الدولة أو الدول الغير على ذلك).[3]

ب- شرط الدولة الأكثر رعاية **The most- Favoured Nation Clause**

وهو شرط خاص جرى العمل الدولي على إدراجه في معظم المعاهدات ذات الطبيعة الأقتصادية, وبواسطته تعد دولة دولة ثانية ان تمنحها المزايا التي أعطتها في الماضي أو ستعطيها في المستقبل بواسطة معاهدات الى دول أخرى.

كذلك فهو أتفاق بين دولتين تضمن كل منها للأخرى الأستفادة مما تمنحه أو ستمنحه من مزايا لدولة أو أكثر في معاهدة أخرى تتعلق بذات الموضوع.[4]

---

(1) أنظر, د. ابراهيم محمد العناني, مرجع سابق, ص220.

(2) أنظر, د. محمد مجدي مرجان, آثار المعاهدات بالنسبة للدول غير الأطراف, دار النهضة العربية, القاهرة, 1981, ص158.

(3) United Nation, a.a.O., S. 368.

(4) أنظر, د. ابراهيم محمد العناني, مرجع سابق, ص221.

كما ان هذا الشرط هو ليس اشتراطاً لمصلحة الغير الذي لم يكن طرفاً في
معاهدة, بل هو تطبيق لأحكام المعاهدة الأولى التي كان تطبيقها معلقاً على شرط
قوامه عقد معاهدات لاحقة تكفل للغير رعاية أفضل من الرعاية المتفق عليها في
المعاهدة الأولى, ومثال ذلك المعاهدة المنشئة لشركة النفط الأنكلو- ايرانين, حيث
تشترط فيها بتمتع أنكلترا بأية معاهدة أخرى تبرمها ايران وتتعلق بأمتيازات نفطية
أفضل. لذلك فقط تمتعت بريطانيا بالحقوق الناشئة عن المعاهدة الثنائية مابين
ايران والدنمارك رغم أنها لم تكن طرفاً فيها.[1]

وقد أتسع مجال الشرط ليظهر في معاهدات متنوعة الموضوعات والأهداف
مثل معاهدات الملاحة ووسائل النقل والمواصلات وتنظيم مراكز الأجانب
والأقامة وتنازع القوانين والمعاهدات المتعلقة بالعمل وحماية الملكية الفكرية
والأدبية, وكذلك المعاهدات المتعلقة بالحصانات الدبلوماسية والقنصلية.

وقد قررت لجنة القانون الدولي مشروعاً بشأن أحكام شرط الدولة الأكثر
رعاية يتألف من 30 مادة قانونية. وقد جاء في نص المادة 4 من هذا المشروع
بأن شرط الدولة الأكثر رعاية يعتبر نصاً تعاهدياً تتعهد فيه دولة ما بمنح دولة
أخرى معاملة أكثر رعاية في مجال علاقات متفق عليها.[2]

---

(1)   المرجع السابق, ص222.

(2)   United Nation, a.a.O., S. 186.

المطلب السابع

تفسير المعاهدات [1] Treaty interpretation

ويقصد بتفسير المعاهدات هو تحديد معنى نصوصها ونطاق تطبيقها. فالمعاهدات أحياناً ينتابها الغموض فتحتاج الى تفسير وايضاح, فمن يملك حق ذلك التفسير؟

من المعلوم ان المعاهدة بعد دخولها حيز التنفيذ تصبح واحدة من مجموعة القواعد القانونية للقانون الداخلي, وان ذلك يستتبع ظهور مشكلة عند تطبيق المحاكم الوطنية لتلك المعاهدة.

فتطبيق المعاهدة يفترض معرفة المحاكم لنصوص المعاهدة, وهذا يعني ان التصديق على المعاهدة وحده لايكفي بل لابد من نشرها في الجرائد الرسمية للدولة لكي تكون ملزمة لكافة المحاكم الوطنية.

غير ان المحاكم وهي تطبق القوانين الداخلية كتشريع, انما تعبر عن ارادة المشرع الوطني, ومن ثم يكون بأمكان القاضي الوطني من تفسير هذه الأرادة الوطنية. وهنا يثار التساؤل التالي, هل تمتلك المحاكم الوطنية تفسير المعاهدات المنشورة في الداخل مثل القوانين الوطنية؟

وللأجابة نقول ان هناك رأيان في هذه المسألة: الرأي الأول- وهو الذي يسمح للمحاكم الوطنية من تفسير المعاهدات الدولية المنشورة في الجرائد الرسمية كقوانين داخلية. أما الرأي الثاني- فهو الذي يرفض تفسير المعاهدات من قبل القاضي الوطني, باعتبار ان المعاهدة تعبر عن ارادات

---

(1)   أنظر, د. عبد العزيز محمد سرحان, مرجع سابق, ص272-284؛ كذلك أنظر,

- Matthias Herdegen, a.a.O., S. 125; Malcom Schow, a.a.O., S. 838.

دول متعددة وان مسألة تفسيرها يكون من حق الحكومة وحدها, أي يؤجل الفصل في الموضوع حتى يأتي التفسير من الجهة المختصة بالتفسير.

الفرع الأول

الجهات المختصة بالتفسير

يمكن القول بأن الجهة المختصة بالتفسير هي الحكومة أو بتعبير أدق هي وزارة الخارجية, وذلك فيما يتعلق بالمشاكل الناجمة من تطبيق المعاهدة وتفسيرها من قبل القاضي الوطني.

ولن قد يصحب تطبيق الأتفاقية وتفسيرها آثاراً دولية تتمثل بعدم الأتفاق بين الدول الأطراف, وقد تؤدي الى نزاع دولي قانوني وقد يتطور الى نزاع عسكري, عندها لابد من عرض مشكلة التفسير هذه على القضاء الدولي متمثلاً بلجان التحكيم الدولية أو محاكم التحكيم أو محكمة العدل الدولي.

الفرع الثاني

وسائل التفسير

لقد أوضحت أتفاقية فينا لقانون المعاهدات بعض المبادئ العامة في التفسير, وقد أشارت المادة 31 الى ان المعاهدات يجب ان تفسر ـ بحسن نية وتبعاً للمعنى العادي لكل لفظ في نصوصها وان يؤخذ بعين الأعتبار موضوع المعاهدة وهدفها, وكذلك الأخذ في الأعتبار أيظاً كل تطبيق أتبع بعد ذلك بصدد تفسيرها.

وعليه يتضح من خلال مانصت عليه المادة آنفة الذكر, ان هناك ثلاثة

مبادئ من الواجب اتباعها عند تفسير المعاهدة الدولية, وهي:

أولاً- مبدأ حسن النية:

ولعل هذا المبدأ يعد امتداداً طبيعياً للألتزام بمبدأ عام آخر هو مبدأ (العقـد شريعة المتعاقدين) (Pacta Sunt Servanda)

وهذا يعني أن التفسير يجب أن يتم على اساس أن الطرفين المتعاقدين كـان كل منهما يسود تعاقدهما حسن النية. وهذا ما أكدته محكمة العدل الدولي في قضية موانئ النفط بين ايران والولايات المتحدة الأمريكية [1] [2].

ثانياً- مبدأ الأخذ بالمعنى المعتاد:

اي أعتماد المعنى العادي لألفاظ المعاهدة وعـلى ضـوء موضـوعها والغـرض منهـا, مـع الأخـذ في الأعتبـار ان الأطار العـام لتفسـير المعاهـدات يشـمل نـص المعاهدة ذاته بما فيها من ديباجة وما يلحق بها من ملاحق أو أتفاقيـات اخـرى لاحقة ومتصلة بنفس المعاهدة.[3]

ثالثاً- مبدأ إعمال النص:

ويقصد بذلك انه اذ كانت الألفاظ التي أستعملها أطراف الأتفاق مبتـورة المعنى وان تطبيقها يؤدي الى ظهور تفسيرات مختلفـة لهـا, فالمبـدأ يقضي بـان مواضع القصور في النصوص المستعملة في المعاهـدة يجـب احاطتهـا وتكملتهـا بكل مايعين في التعرف على حقيقة المراد من وضع النص. كذلك

---

(1)   I.C.J. Reports 1996, S. 803, Nr. 23.

(2)   Oppenheim, International Law, I, Lauterbacht ed., 8 th edition, 1955, S. 959; Malcom Schow, a.a.O., S. 840.

(3)   أنظر, د. محمد طلعت الغنيمي و د. محمد السعيد الدقاق, مرجع سابق, ص239.

يجب الأخذ في الأعتبار أية وثائق أو ملاحق أو أتفاقيات سابقة أو لاحقة[1] على ابرام المعاهدة, يمكن ان تفيد في عملية التفسير وايضاح المعنى الطبيعي والمعتاد للنص.[2]

الفرع الثالث

تفسير المعاهدات المحررة بأكثر من لغة

بصورة عامة تحرر المعاهدات الدولية بأكثر من لغة واحدة, وقد تشير الى اعتبار النسخة المحررة بلغة معينة هي النسخة الأصلية أو المعتمدة, وفي هذه الحالة يتم التفسير استناداً الى هذه النسخة المعتمدة.

وقد تحرر المعاهدة بعدة لغات وكل واحدة منها رسمية وتتمتع بنفس القيمة القانونية, وخير مثال على ذلك, ميثاق الأمم المتحدة الذي تمت صياغته بلغات ست وكل واحدة منها تعد نصاً رسمياً له وهي (الأنكليزية والفرنسية والأسبانية والروسية والصينية والعربية).

والواقع ان اتفاقية فينا لقانون المعاهدات قد تعرضت الى هذا الموضوع فيما يتعلق بتفسير المعاهدات المعتمدة بلغتين أو أكثر وذلك في نص المادة 33 والذي قررت فيه:

1) إذا وثقت المعاهدة بلغتين أو أكثر يكون لنصها بأي من هذه اللغات

(1) أي الوسائل المكملة في التفسير. وهذا ما أشارت اليه المادة 32 من أتفاقية فينا لقانون المعاهدات بالقول (يمكن الأستعانة بالوسائل التكميلية للتفسير, بما فيها الأعمال التحضيرية للمعاهدة وظروف عقدها...). أنظر في ذلك:

- United Nation, a.a.O., S. 367.

(2) للزيادة راجع, د. حامد سلطان, مرجع سابق, ص196.

نفس القوة مالم تنص المعاهدة أو يتفق الأطراف على أنه عند الأختلاف يسود نص معين.

2) لايعتبر نص المعاهدة الذي يصاغ بلغة غير اللغات التي وثقت بها المعاهدة رسمياً إلا إذا نصت المعاهدة أو اتفق الأطراف على ذلك.

3) يقترض أن الألفاظ لها نفس المعنى في كل نص رسمي.

4) فيما خلا الحالات التي يسود فيها نص معين وفقاً لأحكام الفقرة الأولى, إذا أظهرت مقارنة النصوص الرسمية اختلافاً في المعنى لم يزله تطبيق المادتين 31 و 33, يؤخذ بالمعنى الذي يوفق بقدر الإمكان بين النصوص المختلفة مع أخذ موضوع المعاهدة والغرض منها بعين الأعتبار)[1].

المطلب الثامن

أنتهاء المعاهدات الدولية وانقضاؤها

The termination of treaties

بصورة عامة تنقضي المعاهدات عندما يتحقق الغرض الذي من أجله أنعقدت, وعندما ينتهي العمل بها تختفي من النظام القانوني الدولي.[2]

وإنقضاء المعاهدات يختلف عن ايقاف العمل بها, فانقضاء المعاهدات يعني إعفاء الأطراف من التزام الأستمرار في تنفيذها. أما إيقاف العمل بها, فهو إعفاء الأطراف من الألتزام بتنفيذها خلال فترة الأيقاف فقط.

(1) United Nation, a.a.O., S. 367; and Malcom Schow, a.a.O., S. 851.

(2) Matthias Herdegen, a.a.O., S. 129.

عليه, هناك حالتان فقط تنتهي بموجبها المعاهدات, وهـي: حالـة الأتفـاق على انتهاء المعاهدات, وحالة الأنتهاء لأسباب خارجـة عـن إرادة الأطـراف في المعاهدة.

الفرع الأول
الأسباب الأتفاقية لأنتهاء المعاهدات

وتتم بتحقق أحد الأسباب الآتية:

أولاً- التنفيذ الكلي لنصوص المعاهدة:

وهو الشكل الطبيعي لإنقضاء المعاهدات, فبمجرد تنفيذ أحكـام المعاهـدة تصبح المعاهدة منتهية بعد تمام هذا التنفيذ الذي يجب ان يكون تنفيـذاً كليـاً. إلا ان بعض المعاهدات تبقى قائمة على الرغم من تنفيذها كلياً, وذلك اذا كـان المقصود منهـا أحـداث آثـار قانونيـة مستمرة وخـير مثـال علـى ذلـك, أتفاقيـة القسطنطينية لعام 1888.

ثانياً- الرضا المتبادل:

وتنقضي المعاهدة بأتفاق الأطراف فيما بينهم على أنهاء المعاهدة وقد يكون هذا الأتفاق بمثابة رضا صريح, وذلك بالنص صراحة وبموجب معاهـدة جديدة لاحقة ويكون موضوعها مغايراً للمعاهدة الأولى.[1]

---

(1) أنظر المادة 54, 59 من اتفاقية فينا لقانون المعاهدات.

ثالثاً- حلول الأجل:

وهذه الحالة هي الوسيلة الطبيعية لإنقضاء المعاهدات, فكثيراً ما تعقد المعاهدات لأجل معين وبحلول هذا الأجل تنقضي وتزول المعاهدة مالم يجددها أطرافها.

وقد يدرج في نص المعاهدة صراحة على أعتبار المعاهدة متجددة من تلقاء نفسها مالم يصدر أي تغيير أو أعلان من أحد أطراف المعاهدة للتعبير عن عدم الرغبة في تجديد المعاهدة.

رابعاً- تحقق الشرط الفاسخ:

والشرط الفاسخ هو أمر مستقبلي أي غير محقق, ولكن يترتب على تحققه زوال المعاهدة وأنقضاؤها. كما لو تنازلت دولة لدولة أخرى بموجب معاهدة عن أقليم معين بشرط أستفتاء سكان ذلك الأقليم بعد مدة معينة, وفعلاً تم هذا الأستفتاء واختار السكان العودة الى أقليم الدولة المتنازلة, فان احكام المعاهدة التي وضعتهم تحت سيادة الدولة الثانية تزول وتنقضي- بتحقق شرط الأستفتاء. وخير مثال على ذلك, أقليم السار الذي وضع تحت حكم عصبة الأمم بموجب معاهدة فرساي وبعد الأستفتاء عام 1935 أختاروا الأنضمام الى المانيا.

خامساً- الأنسحاب [1]:

والأنسحاب جائز في المعاهدات التي تنص على جواز أنسحاب أحد الطرفين بعد إعلان الطرف الآخر بالأنسحاب, وفي حالة الأعلان عن

---

(1) أنظر المادة 54 من أتفاقية فينا لقانون المعاهدات.

الأنسحاب اعتبرت المعاهدة منتهية بالنسبة إليه. كما ان الأنسحاب غير جائز في المعاهدات التي تنقضي بأجل محدد وبالتالي لايحق لأحد الطرفين من الأنسحاب قبل فوات الأجل مالم يتم ذلك بقبول الطرف الثاني.

وهذا يعني انه يجب ان يذكر في نص المعاهدة فيما اذا كان الأنسحاب من حق الأطراف في المعاهدة أم ان المعاهدة لاتخولهم حق الأنسحاب. أما اذا ماقامت احدى الدول الأطراف بالأنسحاب من المعاهدة التي لاتنص على حق الأنسحاب منها, فهذا يعني انها تتحمل تبعة المسؤولية الدولية لما ينجم من آثار ناتجة عن عملها غير المشروع.

سادساً: أستحالة التنفيذ [1] **Impossibilty of performance**

وتنتهي المعاهدة بأستحالة تنفيذ احكامها, والأستحالة قد تكون مادية كما لو أبرمت دولتان معاهدة على تنظيم حقوق كل منهما على جزيرة معينة ثم أختفت هذة الجزيرة نتيجة حادث طبيعي.

وقد تكون الأستحالة قانونية, كما لوعقدت معاهدة تحالف بين ثلاث دول ثم نشبت الحرب بين اثنين منها, فتكون الدولة الثالثة في حل من هذه المعاهدة, لأنه يستحيل عليها القيام بألتزاماتها في مواجهة كلا الدولتين المتحاربتين وفي نفس الوقت. [2]

---

(1)   أنظر المادة 61 من الأتفاقية.

(2) Malcom Schow, a.a.O., S. 855.

الفرع الثاني
الأسباب غير الأتفاقية لأنهاء المعاهدات

ويلاحظ على هذا النوع من الأسباب انها تشترك جميعاً على ان السبب الرئيسي- في انهاء المعاهدة وانقضاؤها, يعـود الى أسباب خارجـة عـن إرادة الأطراف فيها, وذلك بفعل احداث طارئة ولاحقة على إبرام المعاهدة, كـأخلال احد أطراف المعاهدة بأحكامها نتيجة تغير الظروف التي تحيط بالمعاهدة وقت إبرامها.

كذلك فان للنزاع المسلح سبب رئيس ومباشر في كثير مـن الأحيان لأنهاء المعاهدات الدولية وانقضاؤها. وفيما يلي دراسة موجزة لهذه الأسباب:

أولاً: الأخلال بأحكام المعاهدة[1] Material breach

ويمكن انهاء المعاهدة أو ايقاف العمـل بها نتيجة إخلال احد أطرافها بأحكامها, ولكن لايجوز ان يتخذ الأخلال حجة لإنهاء المعاهدات إلا اذا كان هذا الأخلال جوهرياً, أي يشـكل إلتزامـاً أساسيـاً في المعاهدة وبعد ان يـتم إثبـات حدوث هذا الأخلال حقاً.

والمادة 60 من أتفاقية فينا لقانون المعاهدات عالجت مسألة الأخلال في المعاهدات الثنائية والجماعية: الأخلال في المعاهدات الثنائية- وتقرر فيه ان الأخلال الجوهري بمعاهدة ثنائية من جانب أحد الطرفين يخول الطرف اللآخـر اعتبار هذا الأخلال مبرراً لإنهاء المعاهدة أو إيقاف تطبيقها؛ اما

---

(1)   Malcom Schow, a.a.O., S. 853.

الأخلال في المعاهدات الجماعية- فقد خولت الدول الأطراف بايقاف العمل بالمعاهدة أو وضع حد معين لها, وذلك فيما يتعلق بالعلاقة مع الدولة التي صدر من جانبها الأخلال.

وكذلك فقد خولت المادة المذكورة الطرف الذي تأثر فعلاً بالأخلال بايقاف العمل من جانبه بأحكام الأتفاقية.

ثانياً: التغيير الجوهري بالظروف[1]:

Fundamental change of circumstances

وقد تنعقد المعاهدة الدولية في ظروف معينة ثم يحدث ان تتغير هذه الظروف بعد ذلك تغيراً جوهرياً, بحيث يكون هناك إخلال بالألتزامات المتبادلة بين الطرفين أو بين أطرافها جميعاً. وبالتالي تتسبب بأرهاق كبير لأحد الأطراف.

والتساؤل الذي يثار في هذا الصدد, هو هل يحق للطرف المتضرر من تغير الظروف ان يتحلل من الألتزام بالمعاهدة سواء بالتخلي عنها أو بايقاف العمل بها؟

والجواب على ذلك نقول, ان ماجرى عليه الفقه الدولي هو ان التغير الجوهري في الظروف يؤثر سلباً على أستمرار المعاهدات وخاصة المعاهدات المؤبدة منها. فهذه المعاهدات لاتبقى قائمة إلا اذا بقيت الأشياء والظروف المحيطة بها على حالها. أما اذا تغيرت تلك الظروف بحيث أخذت تثير المشاكل المعقدة حول استمرار تنفيذها أو تطبيقها عند ذلك تفقد قيمتها وقوتها القانونية.

(1) أنظر المادة 62 من أتفاقية فينا لقانون المعاهدات.

وهذه النظرية عرفت في الفقه الدولي بأسم شرط بقاء الشئ على حاله أو العقد شريعة المتعاقدين(Pacta Sunt Servanda). ومن الأمثلة الواضحة على تطبيق هذه النظرية في القضاء الدولي هي قضية المناطق الحرة لمحكمة العدل الدولية الدائمة.[1]

ومن الطبيعي ان يكون للدولة المتضررة من تغير الظروف وبموجب الشرط أن تطالب بإنهاء الأتفاقية, حيث لايحق لها من التحلل من أحكان الأتفاقية بأرادتها المنفردة, إلا في حالة واحدة وهي اذا ماتجاهل أطراف المعاهدة ذلك الطلب أو رفضوا الدخول في مفاوضات بهذا الخصوص. عندها يحق له من التوقف عن العمل بها بالأرادة المنفردة.

وقد يثار التساؤل عن الشروط التي ينبغي نوافرها حتى يمكن الأعتداد بتغير الظروف كسبب لإنهاء المعاهدة أو إيقافها؟

والجواب هو, ان هناك أربعة شروط أساسية ينبغي توافرها وهي كالتالي:

الشرط الأول: ان يكون التغيير في الظروف جوهرياً:

وخير مثال على ذلك هو ما نجده في نصوص قضية المصائد (Fisheries Case)[2] ما بين أنكلترا وآيسلاندا في عام 1973 امام محكمة العدل الدولي. حينما اثارت آيسلندا حجة متعلقة بتغير الظروف, وقد أجابت محكمة العدل الدولي أن التمسك بالتغير الجوهري للظروف يجب أن يكون مهدداً للمصالح الحيوية لأحد أطراف المعاهدة, أما مجرد تطور

---

(1)   أنظر, د. محمد مجدي مرجان, مرجع سابق, ص387.

(2)   I.C.J. Reports 1974, S. 3.

أساليب الصيد فان هذا لايمثل تغيراً جوهرياً يبرر إنهاء المعاهدة.[1]

الشرط الثاني: ألا يكون ذلك التغيير متوقعاً وقت إبرام الأتفاقية[2]:

فاذا ماتوقع الأطراف حدوث ذلك التغيير وتضمنت المعاهدة نصوصاً لمواجهة مثل هذا التغير, عند ذلك تصبح الأتفاقية واجبة التطبيق عند حدوث مثل هذا التغيير في الظروف. وبالتالي لايحق لأحد من الطرفين من الأحتجاج بها لإيقاف العمل بالأتفاقية.

الشرط الثالث: ان يتناول التغيير في الظروف أساساً تلك الظروف التي كانت سبباً في رضاء الأطراف بالمعاهدة[3]:

وهذا يعني ان الأطراف لو أبصروا الى الظروف الجديدة التي أحاطت بالأنفاقية منذ وقت ابرامها لما أقدموا على ابرامها, وبعبارة أخرى لو ان هذه الظروف الجديدة كانت موجودة في وقت ابرام المعاهدة لما أقدموا على أبرامها. وخير مثال على ذلك, قضية المناطق الحرة, حينما ادعت فرنسا بأن الظروف التي أنشئت في ظلها المناطق الحرة لصالح سويسرا عام 1815 قد تغيرت تغيراً جوهرياً بأنشاء الأتحاد السويسري. وقد ردت المحكمة الدائمة للعدل الدولي, بأن أطراف المعاهدة كانوا قد توقعوا تغير الظروف وانه كان عنصراً لازماً لإبرام المعاهدة.

---

(1) للزيادة أنظر, د. محمد طلعت الغنيمي و د. محمد السعيد الدقاق, مرجع سابق, ص282.

(2) أنظر الفقرة 1 من المادة 62 من أتفاقية فينا لقانون المعاهدات.

(3) الفقرة 2 من المادة 62 أتفاقية فينا لقانون المعاهدات.

الشرط الرابع- ان يترتب على تغير الظروف تبديل جذري في نطاق الألتزامات المستقبلية لإطرافها:

ويقصد بها تلك الألتزامات التي يتحملها الطرف المتضرر من تغير الظروف, أي ينبغي النظر الى تلك الألتزامات المستقبلية لا الى تلك التي تم الوفاء بها. ولو لم تفرض المعاهدة أستمرار الألتزام في المستقبل لما أمكن الأحتجاج بتغير الظروف وتبرير الأنهاء.

ثالثاً- ظهور قاعدة آمرة جديد من القواعد العامة للقانون الدولي [1]:

jus cogens

لقد أستحدثت المادة 64 من أتفاقية قانون المعاهدات حكماً جديداً خاصاً بأنتهاء العمل بالمعاهدة الدولية اذا ماأصبح العمل بها لايتفق مع القواعد الآمرة الجديدة في القانون الدولي.

والقواعد الآمرة, هي القواعد المقبولة والمعترف بها من قبل المجتمع الدولي, لذلك فالأتفاق على مخالفتها يعد عملاً باطلاً بطلاناً مطلقاً. فعلا سبيل المثال, اذا كانت هناك أتفاقية لتنظيم المتاجرة بالرقيق ثم ظهرت قاعدة دولية آمرة تحرم المتاجرة بالرقيق, عندها تعتبر تلك الأتفاقية باطلة ومنقضية.

رابعاً- قطع العلاقات الدبلوماسية [2]:

والواقع ان قطع العلاقات الدبلوماسية أو القنصلية فيما بين الدول

---

(1)   Malcom Schow, a.a.O., S. 850.

(2)   أنظر المادة 63 من أتفاقية فبنا لقانون المعاهدات.

الأطراف في المعاهدة لايؤثر على العلاقات القانونية القائمة بينها.[1] إلا اذا كانت تلك العلاقات من الضرورة التي لاغنى عنها لتطبيق المعاهدة, كما لو كانت أتفاقية تعاون أمني بين دولتين أو أكثر, فأن قطع العلاقات الدبلوماسية يؤدي بالتالي الى إنقضاء العمل بالأتفاقية.

خامساً- الحرب[2] **War**:

من الطبيعي ان نشوب الحرب بين الدول الأطراف في معاهدة ما سوف يؤدي الى إيقاف العمل بها أوالى أنهائها, إلا ان ذلك لايسري على جميع أنواع المعاهدات, فالفقه الدولي يفرق بين أربعة أنواع من المعاهدات في مسألة الحكم بها, وهي كالآتي:

أولاً: معاهدات أبرمت لتنظيم حالة دائمة, كمعاهدات تعيين الحدود ومعاهدات التنازل عن الأقاليم, فهذه المعاهدات لاتؤثر عليها الحرب مالم يتم الأتفاق على تعديلها في معاهدات الصلح.

ثانياً: المعاهدات المبرمة لتنظيم حالة الحرب, ومثل هذه المعاهدات تصبح نافذة المفعول منذ قيام حالة الحرب, ومن امثلتها أتفاقية جنيف لعام **1949** الخاصة بمعاملة جرحى ومرضى وأسرى الحرب.

ثالثاً: المعاهدات المبرمة لتنظيم معاملات خاصة بين الدول المتحاربة, كمعاهدات التحالف والصداقة والتجارة, وهذه المعاهدات تنتهي بقيام الحرب بين الدول الأطراف فيها لأن طبيعة هذه المعاهدات تتنافى مع حالة الحرب, ولايمكن ان تعود هذه المعاهدات الى حالة النفاذ إلا بعد أتفاقات جديدة.

(1) المادة 74 من الأتفاقية.

(2) أنظر المادة 73 من الأتفاقية.

رابعاً: المعاهدات العامة المنظمة لشؤون جميع الدول بما فيها الدول المتحاربة, وهذه المعاهدات تبقى نافذة بالرغم من قيام الحرب بين دولتين أو أكثر من أطرافها, إلا أنها تتوقف عن العمل بالنسبة للدول المتحاربة فقط, وعند أنتهاء الحرب تعود للنفاذ تلقائياً.[1]

---

(1) لمزيد من التفاصيل أنظر, د. محمد المجذوب, مرجع سابق, ص421؛ كذلك أنظر, د. حامد سلطان, مرجع سابق, ص210-212.

المبحث الثاني

العرف الدولي International custom

العرف الدولي عبارة عن مجموعة من الأحكام القانونية نشأت مـن تكرار التزام الدول لها في تصرفاتها في حالات معينة, بوصفها قواعد ثبت لها مع غيرهـا في اعتقاد غالبية الدول المتحضرة وصف الألزام القانوني

(a general practice accepted as law) [1].

المطلب الأول

أهمية العرف

يعتبر العرف من أهم مصادر القانون الدولي, فهو فضـلاً عـن كونـه المصـدر المبـاشر الثاني, إلا انه يعـد المصـدر الأسـاس لإيجـاد معظـم القواعـد الدوليـة القانونية, هذا من جهة.

ومن جهة أخرى, فهو من أقدم المصادر للقواعد القانونية سواء كانت تلـك القواعد في القانون الداخلي أو في القانون الدولي.

والعرف في المجتمع الدولي يعتبر بمثابـة قانـون غير مكتـوب, وكـذلك فهـو تكرار لتصرف معين وعلى أساس التبادل. فأتيان اعمال مماثلة مـن جانـب دولـة واحدة وفي مناسبات مختلفة لايمكن ان يكون عرفاً.

كما انه ليس مـن الضـروري اجمـاع الـدول عـلى قاعـدة عرفيـة, فقـد تنشأ القاعدة بين عدد محدود من الدول الأعضاء في الجماعة الدوليـة, فتثبـت بـذلك وتصبح ملزمة لكل أعضاء الجماعة, ولكل دولة تنظم اليها فيما بعد.

---

(1) أنظر الفقرة 1/ب من المادة 38 من النظام الأساسي لمحكمة العدل الدولية.

وخير مثال على ذلك, أنضمام الدول الشرقية الى الهيئات الدولية العامة التي تكونت بعد الحربين العالميتين الأولى والثانية (عصبة الأمم والأمم المتحدة), يحمل في ذاته التزام تلك الدول بالقواعد الدولية العرفية التي نشأت فيما مضى- بين الدول الغربية[1].

المطلب الثاني
أركان العرف

من خلال ماتبين يتضح بأن للعرف ركنين أساسيين, ينبغي توافرهما لتحقيق العرف, وهما: الركن المادي؛ والركن المعنوي.

الركن المادي:

ويتمثل في صدور تصرف معين في حالة معينة واعتياد الدول على هذا التصرف, بغض النظر عما اذا كان هذا التصرف ايجابياً أو سلبياً متمثلاً بالأمتناع عن أتخاذ تصرف معين في حالة معينة.

كما ويشترط في هذا التصرف ان يصادفه القبول من الدولة أو الدول التي صدر في مواجهتها ذلك التصرف, مع أستمرار قبول الدول له اذا تكررت ممارسته في المسائل الجديدة والمماثلة للحالة الأولى, وبعبارة أدق, يمكن القول ان الركن المادي هو التكرار والعادة معاً[2].

أما في حالة عدم أستمرار هذا القبول من جانب الدول له, عندها لانكون امام حالة تحقق للركن المادي.

---

(1)   كذلك الحال بالنسبة لليابان عندما أنضمت الى المؤتمر الأوربي, إذ خضعت في علاقاتها الدبلوماسية الى العرف السائد في أوروبا والمتعلق بالبعثات الدبلوماسية.

(2)   Vgl. Matthias Herdegen, a.a.O., S. 133 f.

الركن المعنوي:

إن تحقق الركن المادي وحده ليس كافياً لإنشاء حكم عرفي مالم يقترن ذلك التصرف المادي بركن معنوي (الأعتقاد)(opiniojuris), الذي يفيد بأن ممارسة هذا التصرف في حالات مماثلة أخرى يفرضها الأعتقاد بضرورته من حيث الألزام القانوني, وهذا الأعتقاد هو أساس نشوء الحكم العرفي.[1]

كما ان وجود هذا العنصر المعنوي[2] هو الذي يميز أحكام العرف عن أحكام العادة. واذا كان الركن المادي يمثل التكرار والعادة فالقبول بهذه العادة من قبل الدول وكقانون الزامي هو مايتمثل به الركن. المعنوي.

(1) Vgl. Matthias Herdegen, a.a.O., S. 133 f.; and, see Malcom Schow, a.a.O., S. 80.

(2) حيث ساهم في الكشف عن العديد من الأحكام العرفية, ولعل قانون آن الأنكليزي رقم 12 يعد سابقة اولى تدل على كشفها لأحكام عرفية أقترنت بالركن أو العنصر المعنوي, وهو الأعتقاد بالألزام القانوني. والقانون المذكور يرتبط بواقعة حدثت في العام 1708, عندما أقترض السفير الروسي في لندن مبالغ مالية ضخمة ولم يتمكن من سدادها, وتم القبض عليه بعد أقامة الشكوى ضده من قبل الدائنون.
وقد أحتج قيصر روسيا على هذا التصرف وطالب بالأفراج الفوري عن السفير وتقديم أعتذار رسمي. وبمساندة سفراء آخرين أستجابت الملكة آن لطلب القيصر فأصدرت القانون أعلاه والذي عرف بأسمها والمتضمن إلغاء هذه الدعوى, لأعتبارات دبلوماسية تتعلق بالحصانة الدولية للسفراء.
للزيادة أنظر, د. حامد سلطان, مرجع سابق, ص36.

المطلب الثالث
مزايا وعيوب العرف

مزايا العرف:

ان من ابرز مزايا العرف, هو إظهار القواعد القانونية الدولية, ومن ثم ارتباطه بالواقع وبالعمل الدولي يجعله أكثر ملائمة مع احتياجات المجتمع الدولي وخاصة تلك الحاجات الدولية الجديدة. فضلاً عن مزاياه الأخرى والمتمثلة في مرونة قواعده وقابليتها للتطور مع تطور هذا الواقع.

عيوب العرف:

ان العرف الدولي لكي يثبت ويستقر, لابد من فترة زمنية طويلة, ذلك لأن قواعده بطيئة النمو والتطور. وبطبيعة الحال فهي لاتتماشى مع المستجدات العالمية. وفضلاً عن ذلك, فالقواعد العرفية ليست دائمة الوضوح وكثيراً ماتثير الخلاف عند تطبيقها وتفسيرها, لذلك جاءت المعاهدات لسد ماقد يحدث من نقص في القواعد العرفية.

المطلب الرابع
التصرفات المنشأة للعرف

ان معظم السوابق الدولية التي نشأ عنها العرف الدولي ترجع الى تصرفات خارجية تعبر عنها في المجال الدولي. وقد تكون هذه السوابق الدولية مصدرها الأجهزة الداخلية للدولة أو الأجهزة الدولية المختلفة من محاكم دولية أو محاكم التحكيم الدولي, وكذلك المعاهدات الدولية سواء كانت عامة أو خاصة, كمعاهدات تسليم المجرمين أو تلك المتعلقة بتنظيم

الملاحة في القنوات البحرية.

التصرفات الصادرة عن أجهزة الدولة الداخلية:

وهذه التصرفات متعددة المصدر, فقد تصدر عن السلطة التنفيذية أو التشريعية وكذلك القضائية. فالتعليمات الصادرة عن الحكومة أو الوزارات المختلفة وبخاصة وزارة الخارجية, فالمراسلات الدبلوماسية لها أهمية خاصة في ظهور السوابق العرفية ومدى الألتزام بها, وكذلك حال تصريحات المندوبين في المؤتمرات الدولية.[1]

أما السلطة التشريعية, فما يصدر عنها من قوانين أو مراسم أو لوائح وقرارات كثيراً ما يمثل مصدراً للقاعدة العرفية, خاصة عندما تنتهجها الدولة في مواجهة أعضاء الجماعة الدولية, كالقوانين المتعلقة بمعاملة الأجانب (من حيث تعيين الحقوق والألتزامات داخل الدولة التي يقيمون فيها).

التصرفات الصادرة عن الأجهزة الدولية:

والعرف الدولي قد ينشأ ايضاً عما يصدر من الأجهزة الدولية من تصرفات, كقرارات المحاكم الدولية والقرارات الصادرة عن محاكم التحكيم وكذلك المعاهدات لما لها من دور كبير في إظهار القواعد العرفية وخاصة معاهدات التحكيم ومعاهدات تسليم المجرمين.

كما وتعتبر بعض القواعد القانونية كقاعدة الحياد والحرب وقاعدة العقد شريعة المتعاقدين, من أبرز القواعد القانونية الدولية المنشأة للعرف الدولي.

---

(1) للزيادة, أنظر, د.عدنان طه الدوري و د. عبد الأمير العكيلي, القانون الدولي العام, ج2, منشورات الجامعة المفتوحة, طرابلس, 1994, ص76-77.

المطلب الخامس

العلاقة بين العرف والمعاهدة

ان الفقه الدولي يذهب وبشكل عام الى أهمية كـل مـن المعاهـدة والعـرف ويقر بأن كلاهما يتمتعان بالقوة القانونية المتساوية. وبناءاً عليه فهناك نتيجتان تترتبان على ذلك, وهما:

- الأولى: ان العرف اذا ما تعارض مع المعاهدة فالعبرة للمعاهدة لما لها مـن حق الأسبقية في ترتيب المصادر الدولية. إلا اذا كانت المعاهدة مخالفة لقاعدة عرفية عامة ومستقرة (كقاعدة حرية البحار العالية), على سبيل المثال عندها تعتبر المعاهدة باطلة.

- الثانية: ان المعاهدة قد تلغي العرف أو تعدله. وخير مثال على ذلك:

أ) الغاء تجارة الرقيق الأسود بموجب معاهدة فينا لعام 1815.

ب) تحريم الحرب بموجب ميثاق بريان كيلوغ 1928 وميثاق الأمم المتحدة حيث كان العرف يبيحها بالأطلاق.

ومع ذلك فأن العرف يتميز عـن المعاهـدة بمرونتـه وقابليتـه للتطـور وسـد الحاجات الدولية الجديدة. كما ان قواعده عامة وشاملة (ملزمة لجميع الدول) وان قوتها الألزامية تستمدها من الرضى الضمني للدول, إلا انها كثيراً مـا تثير الخلافات عند تطبيقها وتفسيرها وذلك بسبب غموضها وعدم وضوحها.

أما المعاهدات فهي اكثر وضوحاً مـن العـرف, فنصوصـها صـريحة ومحـددة ولاغموض فيها وهي تستمد قوتها الألزامية من الرضا الصريح للدول المتعاقدة فقط.

المبحث الثالث

المبادئ العامة للقانون [1]

General principles of law

والمبادئ العامة للقانون هي تلك المبادئ التي تستند اليها وتقرها معظم القواعد القانونية الداخلية في مختلف الأمم المتحضرة كالمبدأ القائل بأن كل من تسبب بفعله ضرراً للغير فعليه الألتزام باصلاح الضرر.

كما ان لهذه المبادئ صفة العموم, اي ان تطبيقها لايقتصر ـ على العلاقات القانونية الفردية, بل انها تمتد الى العلاقات الدولية أيضاً. وهذا يعني ان الدول اذا كانت تفتقد في علاقاتها الى اية قواعد أتفاقية كانت أو عرفية فان بامكان هذه الدول اللجوء الى المبادئ العامة وأعتمادها في حل المنازعات القائمة فيما بينها.

وعلى هذا الأساس, فقد أشارت الفقرة ج من المادة 38 مـن النظام الأسـاس لمحكمة العدل الدولية, والتي تقرر (ان وظيفة المحكمة ان تفصل في المنازعـات التي ترفع اليها وفقاً لأحكام القانون الدولي, وهي تطبق في هذا الشأن:

أ)   ....

ب)   ....

ج)   مبادئ القانون العامة التي أقرتها الدول المتمدينة).

وكقاعدة عامة فان الأصل في تطبيق المبادئ العامة للقانون هو في

---

(1)   Malcom Schow, a.a.O., S. 92.

دائرة القانون الداخلي, وخير مثال على ذلك هـو مـا ذهبـت اليـه المحكمـة الدائمة للعدل الدولي في قضية مصنع شورزوف بين المانيا وبولونيا عـام 1927[1]. إلا ان الأستثناء الوارد على هذه القاعدة هو تطبيقها في دائرة العلاقات الدوليـة, وذلك عندما تفتقد هذه الأخيرة الى المعاهدات (المصدر الأول لأنشاء القاعـدة الدولية) أو الى العرف.[2]

وعليه, فالمبادئ العامة للقانون تعد بمثابة قواعد قانونية تقضي بهـا قواعـد العدالة لدى الأمم المتمدنة.[3]

---

(1)   P.I.C.J. Reports Ser. A. No. 17 [1928], S. 47 ff.

(2)   أنظر, د. ابراهيم محمد العناني, مرجع سابق, ص 52.

(3)   أنظر, د. أحمد سرحال, مرجع سابق, ص112-119؛ كـذلك أنظـر, د. حامـد سـلطان, مرجع سابق, ص39؛ وكذلك, د. محمد طلعت الغنيمي و د. محمد السعيد الـدقاق, مرجع سابق, ص348-349.

الفصل الثاني
المصادر الثانوية (الأستدلالية)

وتعتبر من قبيل المصادر الأستدلالية آراء الفقهاء ومذاهب كبار المؤلفين والسوابق القضائية واحكام المحاكم فضلاً عن مبادئ العدل والأنصاف, والتي سوف نتناولها في المبحثين الآتيين: الأول- احكام المحاكم وآراء كبار الفقهاء؛ والثاني- مبادئ العدل والأنصاف.

المبحث الأول

أحكام المحاكم وآراء كبار الفقهاء

المطلب الأول

أحكام المحاكم judicial decisions

وهي مجموعة القرارات والأحكام الصادرة مـن مختلف الهيئـات القضائيـة الدولية منها والوطنية, كما وتعد المصدر الأستدلالي الأول للقانون الـدولي وذلـك عندما يتعذر على القضاة الوصول الى معرفة قاعدة قانونية دولية لم يرد لها ذكر في المعاهدات أو في العرف.[1]

وعليه فهي عبارة عـن سلسلة مـن القرارات الحاسمة صادرة عـن قضـاة ومحكمين منزهون عن الغرض بشأن تطبيق احكام القانون وفي منازعـات شتى. ومـن الطبيعي ان تساهم هـذه الأحكام مساهمة فعالة في تكوين العرف, وبالتالي الأتفاق على تدوينها لتشكل في نهاية المطاف احكاماً للقانون الـدولي العام.[2]

---

(1)   Malcom Schow, a.a.O., S. 103; and Matthias Herdegen, a.a.O., S. 151 f.

(2)   راجع في ذلك, د. حامد سلطان, مرجع سابق, ص40؛ كذلك أنظر, د. أحمـد سرحـال, مرجع سابق, ص119.

المطلب الثاني

آراء كبار الفقهاء [1] Opinio juris

لاشك ان لأقوال الفقهاء الدوليين أهمية كبيرة في تفسير القوانين وشرحها وجلاء ما يحيطها من غموض. لذلك جاءت الفقرة (د) من المادة 38 من النظام الأساس لمحكمة العدل الدولي لتصنفها مصدراً أستدلالياً ثانياً[2].

والواقع ان هؤلاء الفقهاء لايساهمون فقط في بيان وإنشاء القواعد القانونية الدولية بشكل منفرد, بل وبجهد مشترك ايضاً وذلك عن طريق الجمعيات والهيئات العلمية الدولية[3], وما يصدر عنها من مؤلفات ومنشورات ومؤتمرات دولية عديدة تستهدف وبشكل مباشر دراسة القانون الدولي العام ونشر مبادئه الدولية في جميع أنحاء العالم.[4]

---

(1) Malcom Schow, a.a.O., S. 80; and Matthias Herdegen, a.a.O., S. 148 f.

(2) المادة 38 من النظام الأساسي لمحكمة العدل الدولية, تنص" 1. وظيفة المحكمة ان تفصل في المنازعات التي ترفع إليها وفقاً لإحكام القانون الدولي, وهي تطبق في هذا الشأن: أ. , ب. , ج. , د. أحكام المحاكم ومذاهب كبار المؤلفين في القانون العام في مختلف الأمم."

(3) من اهم هذه الجمعيات على سبيل المثال:

1. جمعية القانون الدولي في لندن؛ 2. المجمع الأمريكي للقانون الدولي؛ 3. أكاديمية القانون الدولي في لاهاي؛ 4. معهد الدراسات الدولية في باريس. أنظر في ذلك, د. أحمد سرحال, مرجع سابق, ص121.

(4) للزيادة أنظر, د. ابراهيم محمد العناني, مرجع سابق, ص53.

المبحث الثاني
مبادئ العدل والأنصاف [1] Ex aequo et bono

ونعني بها تلك المفاهيم االمستنبطة من روح العدالـة وهـي تشـكل مرجعـاً متميزاً لتنظيم مسألة ما أو لإيجاد الحلول المناسبة لها. وعلى الرغم من غمـوض الأجتهاد الدولي في هذا الصـدد, إلا ان الفقـرة الثانيـة في المـادة 38 مـن النظـام الأساس لمحكمة العدل الدولي قد سمحت للقـاضي الـدولي بالأسـتناد الى مبـادئ العدل والأنصاف للفصل في الموضوع متى وافق أطراف الدعوى على ذلك[2].

كـما ان مسـألة العدالـة والأنصـاف تعتـبر ملازمـة للقـانون ولايمكـن في اي حال من الأحوال تطبيق القانون بمعزل عن الأنصاف, وفي توصية صادرة عـن معهد القانون الدولي في لاهاي عام 1937, قالت ان الأنصاف ملازم للتطبيق السليم للقانون وان القاضي الدولي وكذلك القاضي الوطني مدعوا بطبيعة مهمته ان يأخـذ الأنصاف بعين الأعتبار وفي حدود احترام القانون.[3]

---

(1) Latin for "according to the right and good".

(2) الفقـرة 2 مـن المـادة 38 مـن النظـام الأسـاسي لمحكمـة العـدل الدوليـة تـنص" للمحكمة من سلطة الفصل في القضية وفقاً لمبادئ العـدل والأنصـافً متـى وافـق أطراف الدعوى على ذلك".

(3) أنظر, د. أحمد سرحال, مرجع سابق, ص123؛ كذلك أنظر, د.عدنان طه الدوري و د. عبد الأمير العكيلي, مرجع سابق, ص89.

وبناءاً على ذلك, يتبين ان لمبادئ العدل والأنصاف مفهـوم مكمـل للقـانون أوقاعدة ملحقة ومتصلة بالقاعدة القانونية لذلك فالبعض من الفقهـاء الـدوليين يعتبرها بمثابة مصدر رابـع متميـز للقـانون الـدولي مسـتوياً بـذلك وراء المبـادئ العامة للقانون.

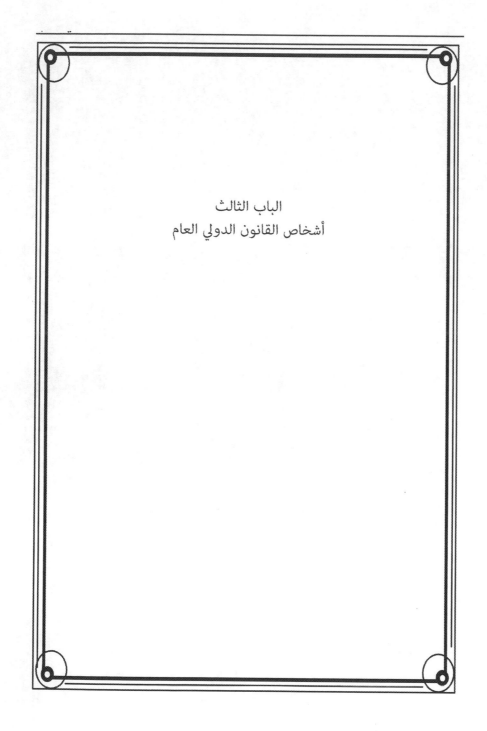

الباب الثالث
أشخاص القانون الدولي العام

الباب الثالث

أشخاص القانون الدولي العام

ان المقصود بالشخص في نظام قانوني معين هو كل من تخاطبه قواعد واحكام هذا النظام القانوني, لتمنحه الحقوق وتفرض عليه الألتزامات.

كما يقوم كل نظام قانوني بتحديد الأشخاص الخاضعين لأحكامه والتابعين له. والقانون الدولي العام بوصفه نظاماً قانونياً, هو الذي يحدد أشخاصه الخاضعين لأحكامه, وهؤلاء الأشخاص يتمتعون بالشخصية الدولية والتي تمتاز بأمرين: الأول- القدرة على ممارسة الحقوق والألتزامات الدولية وفقاً لأحكام وقواعد القانون الدولي العام؛ والثاني- هو القدرة على التعبير عن الأرادة الذاتية الخاصة في ميدان العلاقات الدولية.

وتعتبر الدولة الشخص الأول للقانون الدولي العام, وهذا لايمنع من وجود أشخاص آخرين من غير الدول يمنحهم القانون الدولي حقوقاً معينة وأختصاصات محدودة كالمنظمات الدولية والبابا على سبيل المثال. وعليه, سنتناول هذا الباب في فصلين اثنين: الأول نخصصه لدراسة الدولة؛ والثاني نتناول فيه دراسة الأشخاص الدولية الأخرى من غير الدول.

الفصل الأول

الدولة

وسنتناول دراسة الدولة في مباحث ثلاث, وكالآتي: التعريف بالدولة وعناصر قيامها القانونية في مبحث أول؛ وأنواع الدول في مبحث ثاني؛ ونخصص المبحث الثالث لدراسة نشأة الدول.

المبحث الأول
التعريف بالدولة وعناصر قيامها القانونية

إن تعريف الدولة كان قـد أثـار الكثيـر مـن الخلافات بـين فقهـاء كـل مـن القانون الدولي والقانون الداخلي, ويرجع السبب في هذه الخلافات الى الغمـوض والألتباس الذي يحيط بمفهـوم الدولـة ذاتهـا. فالدولة ظـاهرة متعـددة الصـور والعناصر, كما أن غالبية التعاريف التي وضعت للدولة تقتصر عـلى ذكـر بعـض الصور والعناصر للدولة دون ذكر البعض الآخر.فالفقيه

ترايتشكة (Treitschke) يـرى بـان الدولـة هـي عبـارة عـن شـعب منظـم, والفقيه بلنتشلي (Bluntschli) عرفها بأنها التي تشعر الأفراد بوجود الدولة.[1]

غير أن فقهاء القانون الدستوري يأخذون بعين الأعتبار العامل الأجتماعي في تعريفهم للدولة, فالفقيه هوريو (Hauriou) يـرى في الدولـة بانهـا عبـارة عـن مجموعـة المقومـات السياسـية والأقتصادية والقانونيـة للشـعب لخلـق نظـام أجتماعي مدني. والفقيه بونارد (Bonnard) يرى في الدولة مجموعة هرمية مـن المرافق المنظمة العامة.[2]

اما التعريف الصحيح للدولة فهو الذي يتضمن جميع العناصر اللازمة لقيام الدولة ومقوماتها القانونية التي تميزها عن غيرها من الوحدات

---

(1) للزيادة أنظر, د.عدنان طه الدوري و د. عبد الأمير العكيلي, مرجع سابق, ص121.

(2) Charles Rousseau, Droit international Pablic, Tom II, Les sujetsda droit, Paris, 1974, S. 13-16.

السياسية الأخرى. فالدولة ماهي إلا ظاهرة سياسية وأجتماعية وكذلك ظاهرة قانونية.

العناصر المكونة للدولة:

يتفق الفقه الدولي على ضرورة اجتماع ثلاثة عناصر لقيام الدولة وهي: الشعب والأقليم والسلطة الحاكمة. وقد أستقر هذا المبدأ في القضاء الدولي ايضاً. [1]

المطلب الأول

الشعب

والشعب هو مجموعة من الأفراد المتكونة من الجنسين معاً, وتقيم بصفة دائمة في أقليم معين وتخضع لسلطان دولة معينة وتتمتع بحمايتها.

والشعب هو العنصر الأول والأساسي في تكوين الدولة, إذ لايتصور وجود دولة من دون العنصر البشري المكون لها, كما لايشترط عدد معين لإفراد الشعب, فالدولة كما تقوم بمئات الملايين كما هو الحال في الولايات المتحدة الأمريكية والهند والصين على سبيل المثال. تقوم ايضاً على بضع عشرات من الألاف كما في جزر القمر والبحرين ومالطة مثلاً.

وهذا يعني ان الناحية العددية تختلف باختلاف الدول دون ان يؤثر ذلك

---

(1)   فعلى سبيل المثال, نصت المادة الأولى من أتفاقية حقوق وواجبات الدول الأمريكية المبرمة في مونتفديو عام 1933, على انه"...يجب لكي تعتبر الدولة شخصاً من أشخاص القانون الدولي ان تتوافر فيها الشروط التالية: أ- شعب دائم؛ ب- أقليم معين؛ ج- حكومة؛ د- أهلية للدخول في علاقات مع الدول الأخرى".

-   أنظر, شارل روسو, المرجع السابق, ص. 17.

على المركز القانوني للدولة. وكذلك يرتبط الشعب بالدولة برابطة سياسية قانونية تعرف بالجنسية. والجنسية عبارة عن رابطة سياسية قانونية تنشئها الدولة بقرار منها تجعل الفرد تابعاً لها اي عضواً فيها[1].

ومن خلال الجنسية يمكن التمييز بين طائفتين من الأفراد: الطائفة الأولى, وتظم الأفراد الذين تربطهم بالدولة رابطة الجنسية وهم الوطنيون. الذين يتمتعون بالحقوق الخاصة والعامة والسياسية, ويخضعون لأعباء الدولة التي ينتمون اليها كأداء الخدمة العسكرية مثلاً, حتى ولو كانوا مقيمين في الخارج. وفي مقابلة ذلك فالوطني يتمتع بحماية الدولة التي ينتمي اليها.[2]

أما الطائفة الثانية, فتضم الأفراد الذين لاتربطهم بالدولة التي يقيمون فيها رابطة الجنسية, وانما تربطهم بها رابطة أخرى هي رابطة الأقامة أو التوطن وهؤلاء هم الأجانب. فالدولة هي التي تحدد ومن خلال تشريعاتها الداخلية جميع المسائل المتعلقة بالجنسية من طرق أكتسابها الى فقدها وأصول سحبها. وذلك لأن كل هذه الأمور تمس بكيان الدولة.[3]

مبدأ القوميات **Nationality**

غالباً ما يرتبط الأفراد المكونين للشعب برابطة قوية مبنية على التضامن والتشابه في العادات والأهداف, وكذلك الظروف التأريخية

(1) كما عرفتها محكمة العدل الدولي في قضية نوتيبوم عام 1955. أنظر في ذلك-

- I.C. J. Reports 1955, Nottebohm, S. 4.

(2) Vgl. Matthias Herdegen, a.a.O., S. 178 f.

(3) Ebd., S. 193 f.

والأقتصادية, تؤدي الى اتحادهم في مجموعة متميزة عـن بـاقي الجماعات الأخرى, أي جماعة قومية ومن ثم تشكيل أمة واحدة (Nation).

والقانون الدولي العام لايشترط في الأفراد المكونين لشعب دولة مـا ضرورة إنتمائهم لقومية أو أمة معينة, اي بعبارة أخرى فهو لايشترط وجوب التطابق بين الدولة والأمة. فقد تشكل الأمة دولاً عديدة ومن ذلك الأمـة العربية, وقـد تشكل الأمة الواحدة دولة واحدة.⁽¹⁾

وقـد تضـم الدولـة الواحـدة رعايـا ينتمـون الى قوميـات أو أمـم مختلفـة كالأمبراطورية العثمانية وأمبراطورية النمسـا والمجـر (سـابقاً), وكـذلك الأتحاد السوفياتي (سابقاً), والصين وكندا وسويسرا والعراق.

مبدأ حق الشعوب في تقرير مصيرها⁽²⁾:

ويترتب على اعتماد مبدأ القوميـات في النظـام القـانوني الـدولي ضرورة الأعتراف للشعوب كافة بالحق في تقرير مصيرها, وقد أقرت هـذا المبـدأ الثـورة الفرنسية عام 1789. كما لعب هذا المبدأ في تأريخ القانون الـدولي دوراً خطيـراً وما يـزال. فقـد كـان السـبب المبـاشر في نشـوء عـدة دول أوروبيـة بعـد الثـورة الفرنسـية, وبعـض الـدول التي قامـت بعـد إنحـلال الأمبراطوريـة العثمانيـة وأمبراطورية النمسا والمجر بعـد الحـرب العالميـة الأولى, وعـدداً غيـر قليـل مـن الدول الآسيوية والأفريقية بعد الحرب العالمية الثانية.

وكذلك فان مبدأ حق الشعوب يتضمن مفاهيم عديدة منها:

---

(1) لمزيد من التفاصيل أنظر, د.عدنان طـه الـدوري و د. عبـد الأميـر العكيلي, مرجـع سابق, ص123.

(2) Vgl. Matthias Herdegen, a.a.O., S. 243 ff.

104

أ)   حق الشعوب في أختيار أنظمتها السياسية وفق ما تراه ملائما لها.

ب)   حــق الشعــوب غـير المتمتعــة بـالحكم الـذاتي (المستعمرات) في التحـرر والأستقلال.

ج)   إلحاق اي جزء من أقليم الدولة أو ضمه بـأقليم دولـة اخـرى لايـتم قبـل أستفتاء الشعوب القاطنة في هذا الجزء المراد فصله أو ضمه.

وقد تأكد هذا المبدأ في ميثاق منظمة الأمم المتحـدة في العديد مـن مـواده كما في الفقرة الثانية من المادة الأولى إذ نصت على ان هذه المنظمـة تهـدف الى (إنماء العلاقات الودية بين الأمم على أساس احترام المبدأ الـذي يقضي ـ بالتسوية في الحقوق بين الشعوب وبأن يكون لكل منها تقرير مصيرها....) وكـذلك الحـال بالنسبة للمواد 55, والفقرة الثانية من المادة 73, والفقرة الثانية من المادة 76.

كذلك جرى التأكيد على هذا المبدأ في العديد مـن القرارات الصـادرة عـن الجمعية العامة للأمم المتحدة, فعلى سبيل المثال نذكر القرار رقم 1514 الصادر عام 1960 بخصوص مـنح الأستقلال للأقطـار والشعوب المستعمرة والمعـروف بقرار تصفية الأستعمار, وقـد أعلـن فيـه (ان لجميـع الشعوب الحـق في تقريـر مصيرها, ولها بمقتضى ـ هـذا الحـق ان تحـدد بحريـة مركزهـا السياسـي وتسـعى بحرية الى تحقيق إنمائها الأقتصادي والأجتماعي والثقافي).

وكذلك القرار رقم 1803 الصادر عن الجمعية العامة لعـام 1962 بخصوص السيادة الدائمة للدول على مصادرها الطبيعية, والقرار الصادر عام 1970 الـذي تؤكد فيه على حق الشعوب في تقرير مصيرها وعلى

(شرعية نضال الشعوب الخاضعة للسيطرة الأستعمارية والأجنبية المعترف بحقها في تقرير المصير لكي تستعيد ذلك الحق بأية وسيلة).

ومن ذلك يتضح بأن تكرار النص الصريح على مبدأ حق الشعوب في تقرير مصيرها وفي معظم القرارات الصادرة عن الجمعية العامة للأمم المتحدة وبموافقة غالبية دول العالم اي الدول الأطراف في منظمة الأمم المتحدة, لهو دليل قاطع على ان هذا المبدأ اصبح راسخاً في القواعد والمبادئ القانونية الدولية.

المطلب الثاني

الأقليم ⁽¹⁾ Territory

والأقليم هو النطاق المادي الذي تمارس عليه الدولة سيادتها وسلطانها ويقيم فيه الشعب بصورة دائمة. وهو يتميز بصفتين أساسيتين هما: صفة الثبات؛ وصفة الوضوح لحدود الأقليم. ⁽²⁾

الصفة الأولى: الثبات, وهذا يعني ان الأفراد الذين يقيمون فيه على وجه من الدوام والأستقرار. لذلك فالقبائل الرحل أو البدو لايمكن ان يصدق عليهم وصف الدولة لعدم توافر عنصر الأستقرار والثبات في مكان, أو حتى أقليم معين.

الصفة الثانية: التحديد, اي الحدود الواضحة والثابتة للأقليم الذي تمارس فيه الدولة نشاطها وتنتهي عنده سلطاتها.

---

(1) للزيادة راجع, د.عدنان طه الدوري و د. عبد الأمير العكيلي, مرجع سابق, 125.
(2) Vgl. Matthias Herdegen, a.a.O., S. 169.

عناصر الأقليم:

والأقليم بصورة اساسية يشمل الأجزاء اليابسة أو الأقليم الأرضي وكل ما يحتويه من معالم طبيعية كالجبال والبحيرات والأنهار وكل ما في باطن الأرض.

أما عن الدولة الساحلية, فالأقليم يشمل علاوة على الأرض جزءاً من البحر الذي يلي سواحل الدولة حتى مسافة 12 ميلاً بحرياً بأتجاه عرض البحر. وهذا الجزء يخضع لسيادة الدولة الساحلية ويسمى بالبحر الأقليمي. وكذلك فأقليم الدولة يشمل ايضا طبقات الجو التي تعلوا الأقليم الأرضي والبحر الأقليمي للدولة الى الحد الذي يبدأ معه الفضاء الخارجي. وفيما يلي سوف نتناول دراسة هذه العناصر في الفروع التالية: الفرع الأول- الأقليم الأرضي؛ والفرع الثاني- البحر الأقليمي؛ والفرع الثالث- الأقليم الجوي للدولة.

الفرع الأول

الأقليم الأرضي

أولاً: المعالم الطبيعية:

والأقليم الأرضي هو جزء من اليابسة من أقليم الدولة وكل ما يحتويه هذا الجزء من معالم طبيعية كالجبال والتلال والسهول والوديان والصحارى ومجاري المياه التي تقع باكملها في أقليم الدولة من انهار وبحيرات وقنوات وكذلك ما يحتويه باطن الأرض من مياه جوفيه وثروات طبيعية.

والقانون الدولي العام لايشترط في أقليم الدولة ان يكون متصل الأجزاء,

فقد يفصل أقليم الدولة البحر أو أقاليم دول أخرى, كما هو الحال في الفلبين مثلاً واليابان وأندنوسيا حيث يتكون أقليم كل منها من مجموعة عديدة من الجزر التي يفصل بين كل منها البحر. وكذلك الباكستان التي كان أقليمها يتألف من باكستان الشرقية وباكستان الغربية التي يفصل بينهما الهند, كذلك الحال في ولاية الآسكا التي يفصلها عن الولايات المتحدة الأمريكية أقليم كندا. والجمهورية العربية المتحدة سابقاً كان أقليمها يتألف من سوريا ومصرـ المفصولين عن بعضهما بالبحر الأبيض المتوسط ودولة فلسطين.

كما انه لايشترط في أقليم الدولة ان يكون على سعة معينة من حيث المساحة. فكما تقوم الدولة على مساحات شاسعة من الأراضي [1], فهي تقوم ايضاً على أصغر المساحات كدولة مالطا وقطر والبحرين. وكل ما يشترط في الأقليم هو ان يكون ثابتاً ومحدداً وواضح المعالم لكي يتميز عن أقليم الدول الأخرى. [2]

ثانياً: الحدود:

لكل دولة حدود معينة تحدد نطاق أقليمها الأرضي, وللحدود أهمية كبيرة من الناحية السياسية وكذلك القانونية, فالدولة تمارس سيادتها لتنتهي عند حدودها حيث تبدأ سيادة دولة أخرى.

والحدود إما ان تكون أصطناعية اي اوجدتها الدول لتعيين الحدود الفاصلة بينها كالحواجز والعلامات والأسلاك الشائكة. وقد تكون حدوداً

---

(1) كالولايات المتحدة الأمريكية وكندا والبرازيل والأتحاد السوفياتي سابقاً.

(2) للزيادة أنظر, د. محمد سامي عبد الحميد, القانون الدولي العام, الدار الجامعية, الأسكندرية, 1985, ص190.

وهمية يتم تحديدها تبعاً لخطوط الطول والعرض, أو ان تكون طبيعية أوجدتها الطبيعة كسلسلة جبال أو أنهار أو قنوات.

أ- الحدود الأصطناعية: وهي على نوعين:

1) الحدود الوهمية (الفلكية): وهي تتبع خطوط الطول والعرض. كخط العرض 38 الذي يفصل كوريا الشمالية عن كوريا الجنوبية. وخط العرض 17 الذي يفصل فيتنام الشمالية عن فيتنام الجنوبية قبل ان يتوحدا عام 1976.

2) الحدود الهندسية: وهي عبارة عن خط مستقيم يصل بين نقطتين معروفتين أو خطوط مائلة كالحدود بين سوريا والأردن وبين لبيبا ومصر.

ب - الحدود الطبيعية:

وهي حدود أوجدتها الطبيعة, وهناك قواعد معينة تتبع عند تحديد الحدود بين الدول, واهم هذه القواعد هي:

1) اذا كانت الحدود عبارة عن سلسلة جبلية فخط الحدود يكون:

أ) إما خط سفوح الجبال فتكون الحدود عند قاعدة السلسلة الجبلية.

ب) أو خط القمة, اي الخط الذي يصل بين أعلى رؤوس الجبال في السلسلة الجبلية[1].

ج) أو خط انقسام المياه بين حوضين مائيين حيث تمر الحدود من طرفي

(1) كالحدود الفرنسية الأسبانية في جبال البيرنيه طبقاً لمعاهدة عام 1856.

مجرى النهر ⁽¹⁾

2) اذا كانت الحدود عبارة عن نهر يجري بين دولتين, فخط الحدود يكون:

أ) اذا كان النهر صالحاً للملاحة, فيكون خط الحدود في منتصف مجرى النهر الرئيسي, اي وسط اعمق جزء من النهر وهو ما يسمى بخط التالوك (Talweg) كالحدود بين فرنسا والمانيا في نهر الراين طبقاً لمعاهدة فينا 1815⁽²⁾.

ب) اذا كان النهر غير صالح للملاحة, فيعتبر منتصف النهر الحد الفاصل بين دولتين كالحدود بين فرنسا واسبانيا في نهر بيداسو. ويجوز ان يكون النهر باكمله تابعاً لأحدى الدولتين اذا ما تم الأتفاق على ذلك فيما بينهما.

3) اذا كانت هناك بحيرة تفصل بين دولتين, فان خط الحدود يكون في منتصف البحيرة. بحيث يكون خط الحدود يفصل بين قسمين متساويين بين الدولتين, كما هو الحال في بحيرة ليما بين فرنسا وسويسرا والحدود الفاصلة بين الولايات المتحدة الأمريكية وكندا في البحيرات الكبرى. أما اذا كانت هناك جزراً في هذه البحيرة فان خط الحدود لايجزئ الجزر وانما يمر حولها.

4) في حالة وجود حدود بحرية فيما يتعلق بالدول الساحلية, فيكون خط الحدود هو الحد الفاصل ما بين البحر الأقليمي والمنطقة الأقتصادية

---

(1) كالحدود الفرنسية الأيطالية طبقاً لمعاهدة تورينو عام 1860.

(2) Vgl. Matthias Herdegen, a.a.O., S. 173

الخالصة باعتبار ان البحر الأقليمي يتبع لسيادة الدولة.

كما ان الحدود يتم تحديدها وتعيينها فيما بين الدول المتجاورة عـن طريـق المعاهدات الثنائية أو المعاهدات الجماعية كما في معاهدات الصلح والتنازل.

ثالثاً- الأنهار:

والأنهـار في النظـام القانونـي الـدولي تنقسـم الى نـوعين: الأنهار الوطنيـة والدولية.

أ- الأنهار الوطنية:

وهي التي تقع من منابعها الى مصابها في أقليم دولة واحدة كنهر التـايمز في بريطانيا والسين في فرنسا. والنهر الوطني يخضع لسيادة الدولة التـي يجـري في أقليمها ولها وحـدها الحـق في تنظيم أستغلاله سـواء كـان لأغـراض الزراعـة والصناعة أو الملاحة فيه.

ب- الأنهار الدولية:

وهي الأنهار التي تجتاز أقليم دولتين أو اكثر, ولكل دولـة مـن الـدول التي يجري النهر في أقليمها ان تباشر سيادتها على هذا الجزء من النهر, وخاصة فيما يتعلق بمسائل الأنتفاع المشترك بمياه النهر من حيث الزراعة والصناعة والملاحـة الدولية في النهر, ومن الأمثلة على الأنهار الدوليـة نهر الفرات والنيل والـراين والدانوب.

والأنهار الدولية موضع اهتمام القانون الـدولي العـام وذلـك مـن نـاحيتين: الأولى, من حيث الملاحة فيها؛ والثانية, من حيث الأستفادة منها لأغراض

الزراعة والصناعة.

1- الملاحة في الأنهار الدولية:

ان الملاحة في الأنهار الدولية كانت في السابق تخضع لقيود كبيرة وأستمرت على هذا الحال حتى عام 1648 عندما أبرمت معاهدة وستفاليا فقررت رفع القيود المفروضة على الملاحة في الأنهار الدولية.

وفي عهد الثورة الفرنسية تم الأعلان عن وجوب تقرير مبدأ حرية الملاحة في الأنهار الدولية, وقد طبقت هذا المبدأ فعلاً بالنسبة لنهري الموز والأيسكو اللذين ينبعان من أقليمها ويجريان ايضاً في أقليمي بلجيكا وهولندا.(1)

وفي أوائل القرن التاسع عشر- تم اعتماد نظام خاص للملاحة في الأنهار الأوروبية وذلك أعقاب مؤتمر فينا لعام 1815, كما تم أنشاء لجان خاصة للأشراف على الملاحة في كل نهر من الأنهار الأوروبية كنهر الألب والراين والموز والأيسكو والدانوب.(2)

وقد توسع هذا المفهوم بعد الحرب العالمية الأولى, فقد اعتبرت معاهدة فرساي لعام 1919 الأنهار التالية أنهاراً دولية كنهر الراين والألب والأودر والميمل والدانوب ونهر المورفا والفوسولا والبروت, وقد أخضعتها لمبدأ حرية الملاحة لجميع الدول.

وبعد مؤتمر برشلونة الذي عقد برعاية عصبة الأمم عام 1921 تم

(1) أنظر في ذلك, شارل روسو, مرجع سابق, ص189-200.

(2) لمزيد من التفاصيل, أنظر, د. حامد سلطان, مرجع سابق, ص400-401؛ كذلك أنظر, د.عدنان طه الدوري و د. عبد الأمير العكيلي, مرجع سابق, ص271.

اعتماد مبدأ حرية الملاحة لسفن جميع الدول الموقعة على هـذه الأتفاقـية وجعلته واحداً من المبادئ القانونية التي تنظم الملاحة في الأنهار الدولية ومع ذلك مازالت الأحكام القانونية التي تنظم الملاحة في الأنهار الدولية تختلف مـن دولة لأخرى وذلك تبعاً للأتفاق الذي يخضع اليه النهر الدولي في التنظيم.

2- الأستغلال الزراعي والصناعي للأنهار الدولية:

لقد كان الأهتمام في السابق مقتصراً على الملاحة في الأنهار الدولية فقـط، إلا ان للتطورات العلمية والتقنية الحديثة دوراً كبيراً في زيادة الأهـتمام بالأنتفـاع بمياه الأنهار الدولية لأغراض الزراعـة والصناعة وأقامة المنشآت والمشاريع المختلفة عليها. لذلك ظهرت الحاجة الى تنظيم حقوق الدول النهرية وواجباتها في هذا الخصوص.[1]

اما في حالة عدم وجود أتفاقات بين الـدول النهرية لتنظيم الأنتفـاع بمياه الأنهار التي تمر في أقليمها، فيمكن القـول ان هنـاك احكامـاً قانونيـة وإن كـان الفقه الدولي يختلف في تعيينها، إلا انه يمكن التمييز بين ثلاثة اتجاهات فقهية في هذا المجال:

الأتجاه الفقهي الأول:

ويذهب الى سيادة الدولة المطلقة على جزء النهر الـذي يمـر في أقليمها بـلا قيد أو شرط. وهذا الأتجاه هو ما يعرف بنظرية السيادة الأقليمية المطلقة.

---

(1) كالأتفاق المبرم بين الجمهورية العربية المتحدة والسودان عام 1959 لتنظيم الأنتفـاع بمياه نهر النيل. أنظر، د. حامد سلطان، مرجع سابق، ص417.

الأتجاه الفقهي الثاني:

ويرى في ان سيادة الدولة على الجزء من النهر الذي يمر في أراضيها ليست مطلقة, بل هي مقيدة لضرورة مراعاة الوحدة الطبيعية للنهر من المنبع وحتى المصب, ومن ثم لايحق للدولة من أستغلال مياه النهر بالشكل الكامل الذي يؤدي الى الأضرار بحقوق ومصالح الدول المشتركة في النهر. وهذا الأتجاه يعرف بنظرية الوحدة الأقليمية المطلقة.

الأتجاه الفقهي الثالث:

ويذهب الى الملكية المشتركة للنهر من المنبع والى المصب بين جميع الدول التي يجري النهر في أراضيها. وهو ما يعرف بنظرية الملكية الشائعة.

اما على الصعيد الدولي, فالقانون الدولي يعترف للدولة بالسيادة على الجزء الذي يمر في أقليمها, ولها الأستفادة المطلقة من مياهه وأستغلالها وقت ماتشاء شرط عدم المساس بحقوق ومصالح الدول المشتركة في النهر.

والواقع ان هذا المبدأ تأكد من خلال الحكم الذي أصدرته محكمة التحكيم الدولية عام 1957, في النزاع ما بين فرنسا وأسبانيا بخصوص بحيرة لانوكس[1].

(1) إذ جاء في حيثيات الحكم أنه (تمشياً مع مبدأ حسن النية يجب ان تأخذ الدولة صاحبة المجرى الأعلى في الأعتبار وعلى قدم المساواة جميع مصالح الدول النهرية الأخرى أسوة بمصالحها). وجدير بالذكر ان بحيرة لانوكس تقع في جبال البيرنيه الشرقية ويزودها رافدان ينبعان من فرنسا, ويخرج من البحيرة نهر كارول الذي يجري في الأراضي الفرنسية لمسافة 25 ميلاً ويصب بعدها في =

رابعاً: المياه الداخلية:

وهي المياه العذبة أو المالحة التي تخترق أراضي الدولة أو تتغلغل فيها. وقد عرفت المادة الثامنة من أتفاقية قانون البحار لعام 1982 المياه الداخلية بأنها "المياه الواقعة على الجانب المواجه للبر من خط الأساس للبحر الأقليمي".[(1)]

وتخضع المياه الداخلية لسيادة الدولة, والمياه الداخلية تشتمل على الموانئ البحرية والخلجان والبحيرات والبحار المغلقة وشبه المغلقة, وفيما يلي الأحكام الخاصة بكل منها:

أ- الموانئ البحرية:

وهي المنافذ الطبيعية أو المصطنعة التي تتردد عليها السفن البحرية والتي تكون معدة لخدمة التجارة الخارجية. وبعبارة اخرى فهي المنشآت التي تقيمها الدولة في مواقع معينة من شواطئها لإرشاد السفن واستقبالها, كما ان هذه المنشآت تعد جزءاً من أقليم الدولة. وهو ما أكدته أتفاقية قانون البحار في المادة 11 منها بالقول (...، تعتبر جزءاً من الساحل أبعد

= الأراضي الأسبانية. حيث أرادت فرنسا تحويل مجرى نهر كاول الى نهر الآريجيه لتوليد الطاقة الكهربائية, على ان تعيد لأسبانيا احتياجاتها من المياه دون إضرار بالأقتصاد الأسباني. وثار الخلاف حول ذلك, وعرض الأمر للتحكيم الدولي, حيث قررت المحكمة بأن فرنسا لهل الحق في ممارسة حقوقها ويجب عليها ان لاتهمل أو تتجاهل مصالح أسبانيا ايضاً. أنظر في ذلك:

- Berichte der internationalen Schiedssprüche, Vol. X, 4. 2. 7. Lake Lanoux Case, 1957, S. 466.

(1) Vgl. Matthias Herdegen, a.a.O., S. 210 f.

المنشآت المرفئية الدائمة التي تشكل جزءاً أصلياً من النظام المرفئي,....).

والدول عادة ما تسمح للسفن الخاصة بدخول موانئها, كما انها تستطيع ان تغلق بعض موانئها بصفة مؤقتة أو دائمة, والأغلاق الدائم عادة يكون في حالة ما اذا كان الميناء مخصص للأغراض العسكرية فقط.[1]

ب- الخلجان:

والخليج هو مساحة من البحر تتغلغل في أقليم الدولة ويؤدي الى نشوء مساحة من البحر تكاد تكون محصورة بين الأرض. وقد عرفت الفقرة الثانية من المادة السابعة من معاهدة جنيف للبحر الأقليمي الخليج بانه عبارة عن (انحراف حاد يكون عمقه وفتحة فمه في نسبة تجعله يحتوي مياهاً محبوسة بالأرض بحيث يعتبر اكثر من انحناء عادي للشاطئ, ولايعد الأنحراف خليجاً مالم تكن مساحته تساوي أو تزيد على شبه دائرة يكون قطرها الخط المرسوم بين فتحتي هذا الأنحراف).

والخلجان في نطاق القانون الدولي العام تنقسم الى:

1- الخلجان الوطنية:

والخليج الوطني هو الذي يقع بأكمله في أقليم دولة واحدة ولايزيد أتساع الفتحة التي تربطه بالبحر عن 24 ميلاً بحرياً. كما يعد الخليج الوطني جزءاً من المياه الداخلية للدولة الساحلية ويخضع لسلطانها وسيادتها.

---

(1) للزيادة أنظر, د. محمد طلعت الغنيمي و د. محمد السعيد الدقاق, مرجع سابق, ص444-450.

116

2- الخلجان الدولية:

وهي التي تقع في أقليم دولة واحدة أو اكثر ويزيد فتحة أتساعها على 24 ميلاً بحرياً. وهـذا النـوع مـن الخلجـان يعتبر جـزءاً مـن المنطقـة الأقتصادية الخالصة فيما عدا المساحة التي تدخل في البحر الأقليمي للدولة التي يقع في أقليمها هذا الخليج.

3- الخلجان التأريخية:

وهي الخلجان التي تخضع لسيادة دولة أو لسـيادة عـدة دول، وقـد جـرى العرف الدولي على الأعتراف بهذه السيادة رغم ان مياه هـذه الخلجان لاتعتبر من قبيل المياه الوطنية لأن الفتحة التـي توصلها بـالبحر تزيد على 24 ميلاً بحرياً.

ج - البحيرات:

وهي مساحات واسعة مـن الميـاه محاطـة بـاراضي دولـة أو اكثر ولا تكون متصلة بالبحار. واذا كانت البحيرة في أقليم دولة واحدة فتكون حينئذ خاضعة لسـيادتها المطلقـة كـما هـو حـال بحـيرة كومـو في ايطاليـا وبحـيرة بـالاطون في هنغاريا.

د- البحار المغلقة وشبه المغلقة:

والبحار التي تحيط بها الأرض من جميع الجهات تسمى بحاراً مغلقـة أمـا اذا أمتدت في اليابسة وتتصل بالبحر فتسمى عندها بالبحار شبه المغلقة.

1- البحار المغلقة:

وهي البحار التي لاتتصل بالبحار الأخرى كالبحر الميت بين فلسطين

117

والأردن, وبحر قزوين بين ايران وروسيا, وبحر البودن الـذي تحيط بـه كـل من المانيا والنمسا وسويسرا.

ومن الطبيعـي اذا كـان البحـر المغلـق تحيط بـه اراضي دولـة واحـدة فهـو يخضع لسيادتها بالكامل, ويشكل جزءاً من أقليمها شـأنه في ذلـك شـأن الأقليـم الأرضي. اما اذا كانت الأراضي المحيطة به تجمع بين عدة دول كبحر بودن مـثلاً, ففي هذه يكون خاضعاً لسيادة الدول المحيطة به, والتي تقوم بتنظيم الملاحـة فيـه وأستغلاله وفقـاً لأتفاقات تعقد فيما بينها لهذا الغرض كالأتفاقيـة المعقـودة بين كل من المانيا والنمسا وسويسرا عـام 1973 بخصـوص تنظيم الملاحـة بـين الدول الأطراف, إذ اكدت ان الملاحة فيه من حق الـدول الأطراف وعـلى أسـاس المساواة, كما وحصرت حق الملاحة فيه على رعايا دولها فقط" (1) . (2)

ب- البحار شبه المغلقة:

وهي البحـار الممتدة في اليابسـة وتتصـل بالبحـار الأخـرى بواسـطة ممـر أو مضيق كالبحر الأسـود وبحر البلطيق. واذا كان البحر واقعـاً برمته في أقليم دولـة واحدة أعتبر جزءاً من أقليمها ويخضع لسيادتها, شرط ان لاتتجاوز الفتحة التـي توصله بالمنطقة الأقتصادية الخالصة ضـعف عـرض البحـر الأقليمـي, وان تكـون هذه الفتحة داخلة ضمن أقليم الدولة أيضاً.

---

(1) Vgl. Hans-Joachim Pieper, Schifferpatent für den Bodensee (Allgemeiner Teil) mit Fragen- und Antwortenkatalog, IBN-Verlag (Internationale Bodensee + Boot-Nachrichten), Balingen 2002, S. 45 f.

(2) أنظر, د. سموحي فوق العادة, مرجع سابق, ص434.

اما اذا كانت الفتحة تتجاوز هذا القدر أو كانت تقع في أقليم دولة اخرى, عندها يعتبر البحر جزءاً من المنطقة الأقتصادية الخالصة أو أعالي البحار فيما عدا حدود البحر الأقليمي.

والمادة 122 من أتفاقية قانون البحار لعام 1982 أوردت تعريفاً موحداً للبحار المغلقة أو شبه المغلقة بأنها عبارة عن (خليجاً أو حوضاً أو بحراً تحيط به دولتان أو أكثر ويتصل ببحر آخر أو بالمحيط بواسطة منفذ ضيق, أو يتألف كلياً أو أساساً من البحار الأقليمية والمناطق الأقتصادية الخالصة لدولتين ساحليتين أو أكثر).

خامساً- الممرات البحرية:

وهي الفتحات التي توصل بين بحرين, وقد تكون صناعية فيطلق عليها القنوات وقد تكون طبيعية فيطلق عليها المضائق.

أ- القنوات:

والقناة هي ممر مائي صناعي تصل بين بحرين بهدف تسهيل الملاحة البحرية , وتعد القناة جزءاً من أقليم الدولة التي تمر فيها وتخضع لسيادتها. ولما كانت القنوات من طرق المواصلات الدولية فمن مقتضيات المصلحة الدولية ان لاتقتصر منفعتها على الدولة التي تخضع لسيادتها فقط, بل تكون مفتوحة للتجارة الدولية بأسرها.[1]

لذلك فقد تم تنظيم شؤون الملاحة فيها بواسطة أتفاقات دولية, حيث

---

(1) للزيادة راجع, د. عدنان طه الدوري و د. عبد الأمير العكيلي, مرجع سابق, ص281.

يوجد في العالم اليوم ثلاث قنوات ذات أهمية دولية, وهي قناة السويس[1] وقناة بنما[2] وقناة كييل[3], وهناك قناة أخرى لكنها أقل أهمية هي قناة كورينث[4] التي تقع بكاملها في اليونان.

ب- المضائق:

والمضيق هو ممر مائي طبيعي يصل بين بحرين, وهو محدود الأتساع اذ لايتجاوز أتساعه عن ضعف عرض البحر الأقليمي. وقد صنفت أتفاقية قانون البحار لعام 1982[5] المضيق الى ثلاث أنواع وهي:

1) المضائق المستخدمة للملاحة الدولية بين جزء من أعالي البحار أو منطقة أقتصادية خالصة وجزءاً آخر من أعالي البحار أو منطقة أقتصادية خالصة.

---

(1) وطولها 160 كم وتصل البحر الأبيض المتوسط بالبحر الأحمر وتقع في الأقليم المصري وتحكمها أتفاقية القسطنطينية لعام 1888. للزيادة راجع, د. عدنان طه الدوري و د. عبد الأمير العكيلي, مرجع سابق, ص283-287.

(2) وطولها 81 كم وتصل المحيط الأطلسي بالمحيط الهندي وتقع باكملها في أقليم بنما وتحكمها معاهدة هاي باونسيفوت العقودة بين بريطانيا والولايات المتحدة الأمريكية عام 1901. للزيادة أنظر, المرجع السابق, ص287-289.

(3) وطولها 98 كم وتصل بحر البلطيق ببحر الشمال وتقع باكملها في الأقليم الألماني, وتخضع لنظام قانوني حددته معاهدة فرساي للصلح عام 1919 وذلك في المواد من 321-386 منها, عندما قررت فتح القناة لجميع سفن الدول التي تكون في حالة سلام مع المانيا. للزيادة أنظر, المرجع السابق نفسه, ص289-290.

(4) وطولها 6.3 كم تصل بحر الأدرياتيك ببحر إيجة في البحر الأبيض المتوسط.

(5) أنظر المواد 37-38/1-45/1 من أتفاقية قانون البحار.

2) المضائق المشكلة بجزيرة للدولة المشاطئة للمضيق وبين هذه الدولة.

3) المضائق الموجودة بين جزء من أعالي البحـار أو منطقـة أقتصـادية خالصة وبين البحر الأقليمي لدولة أجنبية.

وقواعد القانون الدولي تقـرر نظامين للملاحـة, وهـي تكـاد تحكم الأنواع الثلاثة للمضائق الآنفة الذكر, وهما نظام المرور العابر ونظام المرور البرئ الـذي لايجوز وقفه.

حيث طبقت نظام المرور العابر على النوع الأول مـن المضـائق التـي تـربط بين جزئين من أعالي البحار أو منطقة أقتصادية خالصة وجـزء آخـر مـن أعـالي البحار أو منطقة أقتصادية خالصة (المـواد 37-44 مـن أتفاقيـة قانون البحـار). وطبقت نظام المرور البرئ الذي لايجوز وقفه على النـوعين الآخـرين (المـادة 45 من أتفاقية قانون البحار).

وجدير بالذكر ان الفقرة الثانية من المادة 38 من أتفاقية قانون البحـار قـد حددت مفهـوم المـرور العابـر بأنـه العبـور المتواصل السريـع ولجميع السـفن وكذلك الطائرات من دون تمييز بين الدول ولغـرض عبـور المضيق فقـط, وهـذا يعني ان التوقف فيه محظور إلا في حالات الشدة أو القوة القاهرة.

وكذلك فان المرور العابر يعتبر حقاً وليس رخصـة تمنحـه الدولة السـاحلية, وعليها ان تمتنع عـن اي عمـل يـؤدي الى عرقلـة ممارسـة هـذا الحـق. بـل عـلى العكس من ذلك فعليها ان تقوم بالأعلان عن اي خطـر يهـدد الملاحـة والطـيران (المادة 44).

وفي المقابل على جميع السـفن والطـائرات ان تمتنـع اثنـاء ممارسـتها لحـق المرور العابر عن اي عمل يؤدي الى تهديد سيادة الدولة الساحلية أو

المشاطئة للمضيق أو حتى الأخلال بالأنظمة والتعليمات التي تضعها الدولة لحماية أمنها القومي والأقتصادي والصحي.

اما عن نظام المرور البرئ, فهو لايختلف عن نظام المرور العابر إلا من حيث عدم جواز إيقافه خلال هذه المضائق, وبمعنى آخر ان للدولة الساحلية أو المشاطئة الحق من إيقاف السفن عندما تعتقد بان هذا المرور لايتصف بالبراءة. كما ان نظام المرور البرئ يختلف عن العابر من حيث اقتصاره على الملاحة البحرية فقط, في حين ان المرور العابر يشمل الملاحة الجوية اضافة للبحرية. ولايحق للدولة الساحلية أو المشاطئة من وقف أو أعاقة المرور فيه.[1]

الفرع الثاني

البحر الأقليمي

ان سلطان الدولة وسيادتها تمتد خارج أقليمها البري ايضاً وتحديداً الى الحزام البحري الملاصق لشواطئها والذي يعرف بالبحر الأقليمي. والمادة 3 من أتفاقية قانون البحار لعام 1982 قد حددت عرض البحر الأقليمي ب 12 ميلاً بحرياً عندما نصت (لكل دولة الحق في ان تحدد عرض بحرها الأقليمي بمسافة لا تتجاوز 12 ميلاً بحرياً مقيسة من خطوط الأساس المقررة وفقاً لهذه الأتفاقية).[2]

كما ان عرض البحر الأقليمي يتحدد من الداخل بخط وهمي يدعى خط

---

(1) للزيادة أنظر, د. سليم حداد, التنظيم القانوني للبحار والأمن القومي العربي, المؤسسة الجامعية للدراسات والنشر والتوزيع, ط1, بروت,1994, ص32-39.

(2) Vgl. Matthias Herdegen, a.a.O., S. 173.

الأساس, وهو الخط الذي يقاس إبتداءاً منه عرض البحر الأفليمي. وهناك قاعدة سائدة لتحديد خط الأساس كانت أتفاقية قانون البحار قد أعتمدتها وهي قاعدة الحد الأدنى لأنحسار المياه عن الساحل.[1]

النظام القانوني للبحر الأقليمي:

يتضح مما تقدم ان البحر الأقليمي يخضع لسيادة الدولة الساحلية وهو ما أكدته المادة 2 من أتفاقية قانون البحار. إلا ان هذه السيادة ليست مطلقة, وانما يرد عليها قيدان هامان لمصلحة الملاحة الدولية وهما: حق المرور البرئ وقيد الولاية على السفن الأجنبية.

أ- حق المرور البريء[2]:

ان سفن جميع الدول ساحلية كانت ام غير ساحلية تتمتع بحق المرور البريء خلال البحر الأقليمي. والمقصود بالمرور هنا هو الملاحة خلال البحر الأقليمي وذلك لغرض معين, وهو اما ان يكون:

1) لإجتياز هذا البحر فقط. أو

2) للدخول الى المياه الداخلية أو التوقف في مرسى أو ميناء أو مغادرته.[3]
ويكون المرور بريئاً اذا ما قامت السفينة بأحترام أمن الدولة الساحلية وأنظمتها القانونية.

---

(1) إذ نصت المادة 5 من أتفاقية قانون البحار على (...، خط الأساس العادي لقياس عرض البحر الأقليمي هو حد أدنى الجزر على امتداد الساحل...), للزيادة أنظر, د. أحمد سرحال, مرجع سابق, ص536-538.

(2) أنظر, د. عدنان طه الدوري و د. عبد الأمير العكيلي, مرجع سابق, ص300.

(3) أنظر, الفقرة الأولى من المادة 18 من أتفاقية قانون البحار.

ب- قيد الولاية على السفن الأجنبية:

لقد ميزت أتفاقية قانون البحار لعام 1982 مابين الولاية الجنائية والولاية المدنية على السفن الأجنبية سواء كانت سفناً تجارية أو حكومية مستعملة لأغراض تجارية وكالآتي:

1- الولاية الجنائية:

للدولة الساحلية ولاية جنائية على السفن الأجنبية المارة في البحر الأقليمي, وذلك في الحالات التالية:

أ)   اذا امتدت الجريمة الى الدولة الساحلية.

ب) اذا كانت الجريمة تخل بأمن الدولة الساحلية ونظامها القانوني.

ج)   اذا طلب ربان السفينة أو الممثل الدبلوماسي أو الموظف القنصلي لدولة علم السفينة تدخل الدولة الساحلية.

د)   اذا كان تدخل الدولة الساحلية ضروري لمكافحة الأتجار غير المشروع بالمخدرات أو المواد التي تؤثر على العقل. [1]

2- الولاية المدنية:

والولايه المدنية إزاء السفن الأجنبية المارة في البحر الأقليمي للدولة الساحلية لاتجوز ممارستها إلا في حالتين هما:

أ)   لغرض توقيع اجراءات التنفيذ لأي دعوى مدنية ضد اية سفينة أجنبية مارة في البحر الأقليمي أو راسية فيه.

ب)   لغرض توقيع اجراءات التنفيذ لأي دعوى مدنية تتعلق بالألتزامات

---

(1)   أنظر المادة 27 من الأتفاقية.

التي تتحملها السفينة أثناء رحلتها خلال المياه الداخلية للدولة الساحلية.[1]

اما عن السفن الأخرى المستعملة لأغراض غير تجارية كالسفن الحربية أو السفن الحكومية, فهي وفقاً للمادة 32 من أتفاقية قانون البحار تتمتع بحصانة كاملة تمنع التدخل في شؤونها من قبل أية دولة كانت وحتى الدولة الساحلية بأستثناء حقها بالطلب الى تلك السفينة بمغادرة بحرها الأقليمي فوراً.

الفرع الثالث
الأقليم الجوي

تمتد سيادة الدولة أضافة الى الأقليم البري والبحر الأقليمي لتشمل الجو الذي يعلو هذين العنصرين.

والجو لم يثر الأهتمام كثيراً إلا في مطلع القرن العشرين عندما ظهرت الطائرات وتزايد أستعمالها. حيث أخذ الفقهاء بدراسة الوضع القانوني للجو لتحديد ما للدولة من سلطان وسيادة عليه. لذلك سوف نتناول الأتجاهات الفقهية والأتفاقات الدولية بإيجاز:

أولاً- الأتجاهات الفقهية:

لقد أختلفت الآراء الفقهية حول النظام القانوني للمجال الجوي الذي يعلو أقليم الدولة الأرضي وبحرها الأقليمي, وهناك ثلاثة نظريات تحكم هذه المسألة:

---

(1)   أنظر المادة 28 من الأتفاقية.

أ- نظرية حرية الهواء:

وهذه النظرية تقوم على مبدأ حرية الهواء الذي لايخضع لسلطان الدولة, وبالتالي فان الملاحة الجوية تكون حرة لطائرات جميع الدول على أعتبار ان الدولة لايمكنها من ممارسة السيادة على الهواء لعدم امكانيتها من السيطرة الفعلية عليه.

ب- نظرية سيادة الدولة المطلقة على الهواء:

وهذه النظرية تنادي بالسيادة المطلقة للدولة على مجالها الجوي الذي يعلو أقليمها بأغتبارها جزءاً منه. وبمقتضى ذلك يكون من حق كل دولة ان تنظم أستخدام طبقات الهواء التي تعلو أقليمها وفقاً لما تراه مناسباً لها, فتسمح أو لاتسمح لغيرها من الدول بالمرور فيه حسب مايتفق ومصالحها.

ج- نظرية المناطق:

وبموجب هذه النظرية ينقسم الأقليم الجوي الى منطقتين: الأولى, التي تقع على أرتفاع من 20 - 25 ميلاً عن الأرض تخضع لسيادة الدولة؛ أما الطبقة الثانية, فهي حرة ومباحة لجميع الدول. وهذه النظرية تأخذ بالوضع القانوني للبحار فما يطبق على أعالي البحار يكون مطبقاً على أعالي الجو ايضاً فيكون حراً مباحاً لجميع الدول بالتحليق فوقه.[1]

والواقع ان العمل الدولي حالياً يعترف للدولة بالسيادة على الطبقات العليا للجو والتي تعلو أقليمها الأرضي وبحرها الأقليمي.[2]

(1) Vgl. Matthias Herdegen, a.a.O., S. 174.

(2) Ebd.

ثانياً- الأتفاقات الدولية:

توصل المجتمع الدولي أعقاب الحربين العالميتين الأولى والثانية الى ابرام أتفاقيتان دوليتان لتنظيم الملاحة الجوية وهما: أتفاقية باريس لعام 1919 وأتفاقية شيكاغو لعام 1944.

أ - أتفاقية باريس لعام 1919: وأهم المبادئ الواردة فيها هي:

1) السيادة الكاملة للدولة: إذ تبنت الأتفاقية مبدأ سيادة الدولة على طبقات الجو التي تعلو أقليمها. وجاء في نص المادة الأولى منها (كل دولة تمتلك سيادة مطلقة في الجو الذي يعلو أقليمها).[1]

2) حرية المرور: وبموجب نص المادة الثانية تلتزم الدول الأطراف بمنح حق المرور البريء فوق أقليمها للطائرات التابعة للدول الأطراف في الأتفاقية, إلا انها أشترطت مع ذلك ضرورة حصول الطائرات على تصريح مسبق لمرورها وفي ممرات جوية تحددها الدولة صاحبة الأقليم[2].

3) المساواة في المعاملة: وقد قررت الأتفاقية مبدأ المساواة في التعامل مابين الدول المتعاقدة وذلك من دون تمييز أو تفرقة فيما بين طائرات الدول الأطراف في الأتفاقية.

4) الملاحة الداخلية: وتكون من حق كل دولة متعاقدة بالأحتفاظ بالملاحة الجوية الداخلية لرعاياها فقط.

5) الأمتناع عن حق المرور البريء لأية دولة أخرى لاتكون طرفاً في هذه الأتفاقية.

---

(1) أنظر, د. عدنان طه الدوري و د. عبد الأمير العكيلي, مرجع سابق, ص356.

(2) تجدر الأشارة الى ان حق المرور البريء لايمنح إلا للطائرات التجارية فقط.

ب-أتفاقية شيكاغو لعام 1944:

لقد كان للتقدم التقني والتكنلوجي والفني في صناعة الطائرات بعد الحرب العالمية الثانية الأثر الكبير في زيادة خطوط الأتصالات الجوية نظراً لما تتمتع به الطائرات من كفاءة عالية وحجم وسرعة فائقة.

مما جعل الكثير من الدول بالتفكير في أعادة تنظيم الملاحة الجوية, خاصة بعدما أخذت أتفاقية باريس بالقصور في أداء دورها الذي أنعقدت من أجله. فكانت مبادرة الولايات المتحدة الأمريكية في عقد مؤتمر دولي في شيكاغو والذي انتهى بوضع أتفاقية شيكاغو للطيران المدني في عام 1944 حيث أكدت على المبادئ التي جسدتها أتفاقية باريس لعام 1919 من سيادة الدولة الكاملة على طبقات الهواء التي تعلو أقليمها الى حق المساواة مابين الدول, إلا انها تميزت بأحكام جديدة تتعلق بالطائرات الحربية التي تملكها الدول الأطراف. كماابرمت أتفاقيتين اخرتين لتنظيم الملاحة الجوية ايضاً هما أتفاقية العبور وأتفاقية النقل الجوي, وتجدر الأشارة هنا, الأتفاقية المذكورة قد تم تعديلها عام 1984 لتشمل نصوصاً جديدة بحماية الطائرات المدنية والمسافرين من العمليات العسكرية والمخاطر الأخرى.[1]

---

(1) أنظر, د. أحمد سرحال, مرجع سلبق, ص688-689؛ كذلك أنظر,

- Matthias Herdegen, a.a.O., S. 148 f.

المطلب الثالث
السلطة السياسية[1]

ويلزم الى جانب العنصرين السابقين لقيام الدولة ضرورة توافر السلطة العمومية الحاكمة التي تتولى الأشراف على أفراد الشعب والأقليم وأدارة المرافق العامة في الدولة لكي تحفظ كيانها وتحقق أستقرارها.

كما ان القانون الدولي العام لايشترط في السلطة الحاكمة ان تكون ذات نظام سياسي وقانوني معين كأن يكون جمهورياً أو ملكياً, برلمانياً أو رئاسياً, ديمقراطيا أو دكتاتورياً, وذلك لأن هذه المسائل لاتدخل في أختصاص القانون الدولي العام, بل هي من صميم الأختصاص الداخلي للدولة والتي يكون لها مطلق الحرية في أختيار نوع الحكم الذي يناسبها.

ويتضح من ذلك ان عنصر السلطة السياسية يكون بمثابة المعيار القانوني الذي يميز الدولة عن غيرها من الوحدات السياسية والأدارية سواء كانت داخلية أو دولية.

ومع ذلك فقد أختلفت الأتجاهات الفقهيه لهذا المعيار, فالفقه التقليدي يذهب الى ان مظاهر السلطة السياسية تكمن في السيادة والأستقلال بينما يتجه الفقه الحديث في تحديده لمظهر السلطة السياسية للدولة الى مجموعة من الأختصاصات المحدودة والتي تمارس من قبل هيئات الدولة التشريعية والتنفيذية والقضائية وبمقتضى الدستور.[2]

(1) للزيادة أنظر, د.عدنان طه الدوري و د. عبد الأمير العكيلي, 130-132.

(2) للزيادة أنظر, د. الشافعي محمد بشير, القانون الدولي العام في السلم والحرب, منشأة المعارف, الأسكندرية, 1971, ص76-81.

كذلك لايمكن الأخذ بفكرة السلطة المطلقة كمظهر للسلطة السياسية للدولة, وأن هذه الفكرة اصبحت نسبية وتحولت تدريجياً الى فكرة الأختصاص تحت تأثير الفقه والقضاء الدوليين. فالفقه الدولي على سبيل المثال, يرى أن أهم مايميز الدولة هو إمتلاكها لسلطة الأختصاص وهي السلطة الوحيدة في الأقليم والتي يمكنها أن تضع دستورها وتؤسس هيئاتها وتحدد أختصاصها وأختصاص الأشخاص والهيئات الأخرى المتواجدين في أقليمها[1]. أما عن القضاء الدولي, فقد جاء في القرار الذي أصدرته المحكمة العليا في الولايات المتحدة الأمريكية بخصوص قضية (Schooner Exchange) عام 1812 بالنص (يعد أختصاص الشعب في أقليمه أختصاصاً مانعاً مطلقاً بحكم مقتضيات الضرورة).[2]

ومع ذلك فان الأتفاقيات الدولية مازالت تتخذ من أحترام السيادة قاعدة أساسية في النظام القانوني الدولي القائم. فالمادة الثانية من ميثاق منظمة الأمم المتحدة نصت على ذلك بالقول (تقوم الهيئة على مبدأ المساواة في السيادة بين جميع الدول الأعضاء). وهذا يعني ان القانون الدولي لم ينكر فكرة السيادة بل انه أقام على أساس وجودها فكرة المساواة بين جميع الدول الأعضاء في المنظمة الدولية.

---

(1) جدير بالذكر ان أبرز الفقهاء المنادين بهذا الأتجاه هو يلنيك في نظريته للأختصاصات الدولية. أنظر د. الشافعي محمد بشير, مرجع سابق, ص76-81.

(2) John Reeves, A Note on Exchange V. M´Faddon, The American Journal of International Law, Vol. 18, No. 2 (Apr., 1924), S. 320.

المبحث الثاني

أنواع الدول

والدول من حيث تكوينها تنقسـم الى دول بسـيطة ودول مركبـة, امـا مـن حيث السيادة فهي تنقسم الى دول تامة السيادة وأخرى ناقصة السيادة.

المطلب الأول

الدول البسيطة والدول المركبة

والدول البسيطة هي الدول التي تقوم بأدارة شـؤونها الداخليـة والخارجيـة من خلال سلطة واحدة فقط. ولايؤثر في ذلك صغر حجـم الدولة أو كبرهـا أو مكونة من عدة أقاليم أو أقليم واحد, طالما هناك حكومة واحدة مسؤولة عـن تصريف شؤون الدولة. كما ان أغلب دول العالم هي دولاً بسيطة كليبيا وتـونس والمغرب وكذلك فرنسا وايطاليا ولبنان على سبيل المثال.

اما عن الدول المركبة فهي التي تتكون من أكثر من دولة واحدة وترتبط معاً برابطة الخضوع لهيئة أو سلطة مشتركة أو لرئيس أعلى واحد, وهـي ايضاً عـلى أنـواع كالأتحـاد الشخصيـ والأتحـاد الحقيقـي والأتحـاد الكونفـدرالي والأتحـاد الفدرالي. وهناك اتحادات أخرى لهل طبيعة خاصة كرابطة الشعوب البريطانيـة والأتحاد السوفياتي سابقاً.

الفرع الأول
الأتحادات الدولية

أولاً: الأتحاد الشخصي:

وهذا النوع يتكون من اتحاد دولتين تحت حكم واحد مع احتفاظ كل منهما بكامل سيادتها وسلطانها. كما ان هذا الأتحاد عادة ماينشأ نتيجة حادث عرضي من دون أتفاق مسبق, كأنتقال عرش دولتين الى شخص واحد تطبيقاً للنظم الخاصة في توارث العروش.

وفي الوقت الحاضر لم يعد لهذا النوع من الأتحادات وجود إلا في السابق كالأتحاد بين أنكلترا وهانوفر منذ عام 1714 وحتى عام 1873.

ثانياً: الأتحاد الحقيقي:

وفي هذا النوع من الأتحاد تجتمع الدولتين تحت حكم واحد وتخضع لسلطة مشتركة تتولى أدارة الشؤون الخارجية لكلا الدولتين, فتكون مسؤولة عن عقد المعاهدات ومباشرة التمثيل الدبلوماسي واعلان الحرب رغم احتفاظ كل من الدولتين بأستقلالها الداخلي.

كذلك لايوجد في الوقت الحاضر تطبيق لهذا النوع من الأتحاد, إلا الأتحاد مابين الدنمارك وآيسلندا الذي أستمر من عام 1918 وحتى عام 1944.

ثالثاً: الأتحاد الكونفدرالي:

وفي هذا الأتحاد الذي يتكون بناءاً على أتفاق مسبق وبموجب معاهدة دولية تبرمها الدول المشتركة فيه, لتلتزم فيما بينها بالعمل على تحقيق

أهداف معينة كالمحافظة على أستقلال الدول الأعضاء فيه ومنع الحروب بينها والدفاع عن مصالحها السياسية والأقتصادية. وتشترك دول الأتحاد في وضع السياسة العامة للدول الأعضاء من خلال هيئات مشتركة تصدر قراراتها بالأجماع ليتم تنفيذها داخل الدول الأعضاء فيها.

وهناك عدة نتائج تترتب على قيام الأتحاد الكونفدرالي, وهي:

أ)   كل دولة عضو في الأتحاد تكون محتفظة بسيادتها الخارجية والداخلية اي تكون محتفظة بشخصيتها الدولية ومن ثم ادارة شؤونها الخارجية من تبادل تمثيل دبلوماسي وابرام معاهدات دولية وأعلان الحرب. كما وتعتبر الحرب التي تقوم بين دول الأتحاد حرباً دولية وليست حرباً داخلية.

ب)   كل دولة من دول الأتحاد تتحمل تبعة المسؤولية الدولية عن اي عمل من الأعمال غير المشروعة والتي تصدر عنها أو عن رعاياها.

ج)   الأتحاد الكونفدرالي عادة مايكون ضعيف وله صفة مؤقتة.

وخير مثال على هذا الأتحاد, وهو الأتحاد العربي الهاشمي الذي نشأ بين العراق والأردن بموجب الأتفاق المبرم بينهما في عام 1958.

رابعاً: الأتحاد الفدرالي:

وهذا الأتحاد يتكون بمقتضى الدستور, اي بأتفاق مجموعة من الدول على أقامة اتحاد دائم فيما بينها وممثلاً بحكومة مركزية وهي حكومة الأتحاد وبمقتضى الدستور. حيث تباشر هذه الحكومة جميع الأختصاصات الدولية للدول الأعضاء ويكون لها شخصية الدولة الأتحادية.

اما عن اهم النتائج المترتبة على قيام هذا الأتحاد فهي:

أ) جميع الدول المتحدة تفقد سيادتها الدولية وتتنازل عنها لصالح الدولة الأتحادية التي تتكون من جميع الدول المتحدة.

ب) تنشأ في الدولة الأتحادية سلطتان: الأولى هي سلطة الحكومة الأتحادية الفدرالية، ويكون لها هيئاتها التنفيذية والتشريعية والقضائية. اما عن السلطة الثانية فهي سلطة الحكومات المحلية التي تحتفظ ايضاً بهيئاتها التنفيذية والتشريعية والقضائية، إلا انها تخضع للهيئات العليا الثلاث التابعة لسلطة الحكومة الأتحادية.

ج) تعتبر الدولة الأتحادية شخصاً من أشخاص القانون الدولي العام، وهي بذلك يكون لها الحق في:

1) اعلان الحرب والأشراف على القوات المسلحة الفدرالية التي تتكون من جميع دول الأتحاد[1].

2) مباشرة التمثيل الدبلوماسي وعقد المعاهدات الدولية والأنضمام الى المنظمات الدولية. إلا ان بعض الدساتير الأتحادية تمنح الحق للدول الأعضاء في ابرام بعض المعاهدات، شرط ان لاتكون معاهدات سياسية، وان تكون منسجمة مع السياسة العامة للأتحاد كالمعاهدات المتعلقة بالصداقة وحسن الجوار أو الحدود. والبعض الآخر من

---

[1] فالدستور الأمريكي على سبيل المثال، ينص في المادة 10 منه على أختصاص السلطة الأتحادية المركزية باعلان الحرب وعدم جواز اي دولة من الولايات المتحدة الأمريكية من الدخول في حرب دون موافقة الكونغرس الأمريكي، إلا في حالات الضرورة وهي حالة الأحتلال والخطر الحال؛ والى ذلك يذهب الدستور السويسري ايضاً في نص المادة 15 منه؛ ودستور دولة الأمارات العربية المتحدة في المادة 140 فيما يتعلق بالحرب الدفاعية.

الدساتير يسمح للدول الأعضاء فيه من ابرام المعاهدات ذات الطبيعة الأدارية والمحلية مع الدول المجاورة لها كدستور دولة الأمارات العربية المتحدة المؤقت لعام 1971.

3   تتحمل المسؤولية الدولية عن جميع الأعمال المخالفة للقانون الدولي العام والصادرة من اية دولة من دول الأتحاد. كما ان الأمثلة على هذا النوع من الأتحاد كثيرة منها دستور الولايات المتحدة الأمريكية والأتحاد السويسري ودولة الأمارات العربية المتحدة والمانيا وكنداوالهند والنمسا واستراليا والبرازيل والأرجنتين واندنوسيا.

الفرع الثاني

الأتحادات ذات الطبيعة الخاصة

أولاً: رابطة الشعوب البريطانية [1] Commonwealth

هذه الرابطة تضم في الوقت الحاضر حوالي ثلثي دول العالم اي بنحو ثلاث وخمسون دولة موزعة على القارات الخمس [2]. وتدعم بريطانيا عمل هذه الرابطة وذلك ترويجاً لمبادئ الحرية والديمقرطية وكذلك حقوق

---

(1)   Vgl. Malcom Schow, a.a.O., S. 1181.

(2)   ففي أوربا توجد بريطانيا ومالطة وقبرص, وفي أمريكا توجد كندا وغوانا وبريادوس وكرينادة وجامايكا وتوباغو ودومينيكا وسانتلوسيا وسانت فنسنت وبليز وأنتيغو وبريودا وسانت كيتيس ونيفيس, وفي أفريقيا توجد تنزانيا وغانا وبابوغينيا الجديدة وغامبيا وأوغندا وتنزانيا وجنوب أفريقيا وتونجا وزامبيا وسيراليون وموريس وزمبابوي, وفي آسيا توجد الهند وبنغلادش وسريلانكا وماليزيا وسنغافورا وبروناي وباكستان, وفي أستراليا توجد أستراليا ونيوزلاندا وبعض الجزر في المحيط الهندي.

الأنسان, ومن مهام الرابطة ايضاً تطوير النشاطات الأقتصادية والأجتماعية.

والواقع ان نظام رابطة الشعوب البريطانية لايمكن اعتباره نوعاً من أنواع الأتحادات الدولية, فالرابطة تقوم على أساس التعاون فيما بين أعضائها الذي تتعهد به هيئات معينة, ومن ثم فهي تقوم على نظام خاص بها يمتاز بمفهومين أساسيين هما: الولاء المشترك للتاج البريطاني والأشتراك الحر في الرابطة.

أ- الولاء المشترك للتاج البريطاني:

لقد كانت جميع دول الرابطة عبارة عن مستعمرات خاضعة للأمبراطورية البريطانية, وكانت تدار جميعاً من قبل وزارة المستعمرات في لندن. وبعد ان نالت هذه الدول أستقلها الذاتي إلا انها بقيت بمثابة ممتلكات حرة للتاج البريطاني, كما ان جميع دول الرابطة تعتبر ملكة بريطانيا رئيساً أعلى للكومنولث وتدين للتاج البريطاني بالولاء.

ب- الأشتراك الحر في الرابطة:

ان الدول الأعضاء يتمتعون بشخصية قانونية دولية مستقلة, وان اية علاقة بينهم انما تقوم على الحرية والمساواة. كما يمكن لهم وفي اي وقت حق الأنسحاب من الرابطة, وفعلاً تم ممارسة هذا الحق من قبل كل من أتحاد جنوب أفريقيا والباكستان التي أنسحبت إثر أعتراف بريطانيا ببنغلادش عام 1972 ثم عادت الى الرابطة مرة أخرى عام 1989.

اما عن أدارة العلاقات فيما بين أعضاء الرابطة, فتتم من خلال هيئات خاصة وهي:

1) وزارة علاقات رابطة الشعوب البريطانية ومقرها لـندن وأدمجت بـوزارة الخارجية البريطانية عام 1986.

2) مؤتمر رؤساء الوزراء لدول الرابطة, وكان يسمى بمؤتمر الأمبراطوريـة, ولـه قرارات وتوصيات تصدر بالأغلبية لها قيمة أدبية وسياسية.

3) لجان ومجالس دول الرابطة, حيث للرابطة لجان ومجالس أخرى لدراسـة المشـكلات الزراعيـة ولجنـة للشـؤون التعليميـة وأخرى لبحـوث الطيران والأتصالات وغيرها من اللجان الأجتماعية الأخرى.

4) السكرتارية, وتتولى عملية تنسيق الأعمال الأدارية في الرابطة.

ثانياً- الأتحاد السوفياتي (سابقاً):

لقد كانت الدولة الروسية قبل عام 1917 دولة بسيطة وموحدة وتقوم على الحكم المطلق, إلا انها وبعد قيام النظام الجمهـوري الشيوعي فيها عـام 1917 من خلال الثورة البلشفية, تقرر تحويل دولة روسيا من دولة بسيطة الى دولـة مركبة تقوم على أساس من الجمهوريـات الأشـتراكية السـوفياتية, والتـي تتكـون من خمس عشرة جمهورية[1].

كما ان التنظيم الأتحادي في الأتحاد السوفياتي ينطوي على فلسفة معقدة, فهي دولة أشتراكية متعددة القوميات, إذ يوجد فيها ما يقارب 130 قومية ومن ثم لابد من التوفيق مابين الأشتراكية ومبدأ حق الشعوب في

---

[1] وهـي كـل مـن روسيا وأوكرانيا وبيلاروسيا وكازاخسـتان وأوزباكسـتان وجورجيـا وأذربيجـان ولاتيفيـا ولتوانيـا وأسـتونيا و مولـدافيا وأرمينيـا وتركمانيـا وقرقيزيـا وطاجاكستان.

137

تقرير مصيرها من جهة, وما بين المصلحة العامة للأتحاد من جهة ثانية.

ومع ذلك فقد كانت هناك وفي ظل هذا التنظيم بعض الجمهوريات تتمتع بالحكم الذاتي وترتبط بالأتحاد بصورة غير مباشرة, ولها دستور خاص وحكومة ذاتية وأستقلال أداري ايضاً, وكانت تشترك مع باقي الجمهوريات الأخرى بارسال المندوبين عنها الى مجلس القوميات, وهو المجلس الذي يتكون منه أضافة الى مجلس النواب مجلس السوفيت الأعلى, الذي يتولى السلطة التشريعية في الأتحاد السوفياتي.

اما عن السلطة التنفيذية, فهي تتألف من هيئة رئاسة السوفيت الأعلى ومجلس الوزراء الذي كان يسمى في السابق بمجلس مفوضي الشعب, الذي يمارس الأختصاصات الأدارية والتنفيذية العامة كتنفيذ القوانين والميزانية والخطط الأقتصادية وحفظ النظام العام وأدارة السياسة الخارجية والتصديق على المعاهدات وكذلك أعلان الحرب.

كما يضم مجاس الوزراء عدداً كبيراً من الوزراء وذلك بسبب قيام دولة الأتحاد السوفياتي بالتدخل في جميع أوجه نشاطات الحياة الأجتماعية والأقتصادية.

وفيما يتعلق بالسلطة القضائية, فهي تتمثل في المحكمة العليا للأتحاد وتتولى مراقبة أعمال جميع المحاكم في الأتحاد السوفياتي.

الطبيعة الخاصة للأتحاد السوفياتي:

كذلك فالنظام السوفياتي لايمكن أعتباره نوعاً من الأتحادات الدولية المعروفة, فهو إتحاد قائم بذاته وله طبيعة خاصة, فهو على سبيل المثال يعتبر جميع الجمهوريات الداخلة في الأتحاد دولاً ذات سيادة وتمارس كل

واحـدة منهـا أختصاصـاتها الدوليـة. كـما يكـون لكـل دولـة منهـا الحـق في الأنفصال عن الأتحاد, ولهـا أيضاً أضافة الى سـلطة الأتحاد سـلطات تشرـيعية وتنفيذية وقضائية, فضلاً عن حقها في أقامة العلاقات الدولية وعقد المعاهـدات وتبادل التمثيل الدبلوماسي, هذا من جانب.

ومن جانب آخر, فهناك مظاهر أخرى ينفرد بها الأتحاد السوفياتي عن سـائر النظم الفدرالية الأخرى, فهو إذ يقرر وحدة الجنسية السوفياتية. وهذا المفهـوم يخالف ماهو مقرر من مبدأ أزدواج الجنسية في الدولة الفدرالية, التي تقتضي- وجود جنسيتين الأولى تكون عامة مشتركة لجميع رعابا الأتحاد, والثانية محليـة خاصة بكل دولة من دول الأتحاد.

إلا ان هذا النوع من الأتحاد كان قد انتهى من الناحية الدولية والدسـتورية وذلك في نهاية عام 1991, وقد حل محله مايسمى برابطة الدول المستقلة.

المطلب الثاني
الدول تامة السيادة والدول ناقصة السيادة

ونعنـي بالـدول تامـة السـيادة, اي التـي لاتخضـع في شـؤونها الداخليـة أو الخارجية لهيمنة دولة أخرى. وبعبـارة أخـرى فهـي دولـة مسـتقلة في تصرـيف شؤونها الداخلية والخارجية.

وعلى العكس من ذلك, يكون هو معنى الدولة ناقصة السيادة التـي تكـون تابعة لدولة أخـرى في أدارة شـؤونها الداخليـة والخارجيـة. أو قـد تكـون دولـة محمية فتكون بذلك خاضعة لهيمنة الدولة الحامية في ميدان العلاقات الدولية, كذلك الدول الموضوعة تحت الأنتداب أو الموضوعة تحت نظام

الوصاية. وفيما يلي إيجـاز لهـذه الأنـواع مـن الـدول والتـي عرفهـا القـانون الدولي العام:

أولاً: رابطة التبعية[1]:

وهذه الرابطة تنشأ بموجب نظام قانوني معين مابين دولتين تابعة ومتبوعة, بحيث تباشر الدولـة المتبوعـة عـن الدولـة التابعـة كـل أو بعـض الأختصاصات الدولية والداخلية.

وفي الوقت الحاضر لاتطبيق لهذا النظام, إلا فيما سبق عندما وضعت مصرـ كدولة تابعة للأمبراطورية العثمانية بمقتضى أتفاقية لندن لعام 1840 وأستمرت حتى عام 1914, عندما أصبحت تحت الحماية البريطانية فيما بعد.

ثانياً: الحماية[2]:

والحماية هي علاقـة قانونيـة مابين دولتين بموجب معاهـدة دوليـة تضع الدولة نفسها في حماية دولة أخرى أقوى منها في العادة, لتتـولى عمليـة الـدفاع عن الدولة المحمية ضد اي عدوان خارجي, وفي المقابل فهي تمـنح لهـا حـق الأشراف على شؤونها الخارجية وحق التدخل في أدارة أقليمها.

وهذا النوع من الحماية هو مايسمى بالحماية الدولية والتي تستند الى معاهدة تعقد بين الدولة الحامية والدولة المحمية. ومن أهم الأمثلـة عـلى هـذا النوع من الحماية هي الحماية الفرنسية لأمارة موناكو والحماية الأيطالية

---

(1) أنظر في ذلك, د. محمـد سـامي عبـد الحميـد, العلاقـات الدوليـة (مقدمـة لدراسـة القانون الدولي العام), دار النهضة العربية, القاهرة, 1995, 79-80.

(2) المرجع السابق, ص80-82.

لأمارة سان مارينو والحماية السويسرية لأمارة لختنشتاين.

وقد يفرض نظام الحماية هذا فرضاً علـى الدولـة المحميـة, فغالباً مايكون لأغراض وأهداف أستعمارية, وهو مايطلق عليه ايضاً بالحماية الأستعمارية. كما ان هذه الحماية لاتستند الى اي أساس شرعي طالما هي عمل من جانـب واحـد, وقد تلجأ الدولة الحامية الى الحصول على موافقة الدولة المحمية بـالقوة لأبرام معاهدة الحماية, وذلك لأضفاء الشرعية القانونية على تصرفها هـذا وخاصة في مواجهة الدول الأجنبية, لما ينشأ عن نظام الحماية من أوضاع ومراكز جديدة في دائرة العلاقات الدولية.

ومن أبرز الأمثلة علـى تطبيقـات الحمايـة الأستعماريـة هـي الحمايـة التـي أعلنتها بريطانيا على مصر عام 1914 والتي أستمرت حتى عام 1922, والحمايـة التـي أعلنتهـا فرنسـا علـى تونس عـام 1881 وعـى مـراكش عـام 1912 والتـي أستمرت حتى عام 1956.

ثالثاً: نظام الأنتداب[1]:

لقد عرف نظام الأنتـداب بعـد الحـرب العالميـة الأولى, وذلك عنـدما طبـق ولأول مرة على الدول والمستعمرات التي أنفصلـت عـن الأمبراطوريـة العثمانيـة والمانيا إثر هزيمتهما في الحرب, وقد أدرج هذا النظام في عهد عصبة الأمم حيث تم تصنيف هـذا النظام وفقاً للـمادة 22 مـن العهد الى ثلاثة أصناف, هـي: أنتداب من الدرجة (A)؛ وأنتداب من الدرجة (B)؛ وأنتداب من الدرجة (C).

---

(1) للزيادة راجع, د. محمد سامي عبد الحميد, العلاقات الدولية, المرجع سابق, ص83.

الأنتداب من الدرجة (A):

وقد فرض هذا النوع من الأنتداب على الدول التي أنفصلت عن الأمبراطورية العثمانية, وهي على درجة من التطور بحيث يمكن ان تنال أستقلالها بعد ان تسترتشد بنصائح ومساعدة الدول المنتدبة كي تتمكن من أدارة شؤونها الداخلية والخارجية.

الأنتداب من الدرجة (B):

وقد فرض هذا النوع من الأنتداب على دول أفريقيا الوسطى عندما كانت مستعمرات, وذلك بأعتبارها ايضاً أقل تطوراً من الدول الموضوعة تحت النوع الأول من الأنتداب. وطبق هذا النوع على كل من الكاميرون وتنجانيقا وروانـدا والتوغو واوروندى.

الأنتداب من الدرجة (C):

وهذا النوع من الأنتداب فرض على بعض المستعمرات الواقعة في جنوب غرب أفريقيا والبعض من جزر المحيط الهادي, وذلك لبعدها عن مناطق التحضر ولقلة سكانها وصغر مساحتها.

وجدير بالذكر ان نظام الأنتداب كان قد انتهى بنهاية الحرب العالمية الثانية, وذلك بأستبداله بنظام الوصاية الدولي والذي تم النص عليه في المادة 77 من ميثاق منظمة الأمم المتحدة, فضلاً عن حصول العديد من الدول التي كانت تحت نظام الأنتداب على أستقلالها أو بتخلي الدولة المنتدبة عن الأنتداب كما هو الحال في الأنتداب البريطاني على فلسطين, عندما أعلنت الحكومة البريطانية عام 1947 قرارها بالتخلي عن الأنتداب, وذلك بعد صدور قرار الجمعية العامة للأمم المتحدة والقاضي بتقسيم فلسطين.

رابعاً- نظام الوصاية[1]:

لقد حددت المادة 77 من الفصل الثاني عشر- من ميثاق منظمة الأمم المتحدة الأقاليم التي يمكن وضعها تحت الوصاية وقسمتها الى ثلاثة أقسام: الأول- الأقاليم التي كانت موضوعة تحت الأنتداب؛ والثاني- الأقاليم المقتطعة من دول المحور بعد الحرب العالمية الثانية؛ اما الثالث- الأقاليم التي وضعت تحت الوصاية من قبل الدول المسؤولة عن أدارتها.

وقد طبق نظام الوصاية على المستعمرات التي كانت لإيطاليا قبل الحرب العالمية الثانية, وهي الصومال وإريتيريا وليبيا, حيث وضعت ليبيا تحت الوصاية بقرار صادر من الجمعية العامة للأمم المتحدة وأستمر حتى أستقلال ليبيا عام 1952.

وهذا النظام قد أنعدم وجوده في الوقت الحاضر إلا من بعض الجزر في المحيط الهادي والتي كانت موضوعة تحت وصاية الولايات المتحدة الأمريكية وقد تمكنت من نيل أستقلالها عام 1991.

خامساً- حالة الحياد:

والحياد هو نظام أو وضع قانوني يرتب مجموعة من الحقوق والألتزامات, وبموجب الحياد تمتنع الدولة عن المشاركة في الحرب أو التحيز لأي من الفريقين المتحاربين, وهو على نوعين: الحياد المؤقت أو الأختياري؛ والحياد الدائم.

(1) للزيادة أنظر, د. محمد سامي عبد الحميد, العلاقات الدولية, مرجع سابق, ص83-87.

أ- الحياد المؤقت أو الأختياري:

هو الذي تعلنه الدولة عندما تكون هناك حرب قائمة بين دول أخـرى, وهـو حياد أختياري يبدأ بقيام الحرب وينتهي بأنتهائها, وخير مثال على ذلك, مافعلته السويد والبرتغال وتركيا خلال الحرب العالمية الثانية.

ب- الحياد الدائم:

وبموجبه تلتزم الدولة وبشكل دائمي وتستند في ذلك الى معاهـدة دوليـة تتعهد فيها بعدم ممارسة اي تصرف يتعارض مع الحيـاد عنـد قيـام الحـرب بـين الدول الأخرى, في مقابل ضمان سلامتها.

وعرف نظام الحياد في أوربا خاصة خلال القرن التاسع عشر, وذلك لتحقيـق هدفين أثنين: الأول- هو للمحافظة على السلم والأمن فيما بين الدول الأوروبيـة بايجاد دولة تفصل بـين دولتـين قويتـين أو معـروفتين بالعـداء الـدائم بينهمـا؛ والثاني- للمحافظة على سلامة الدول الضعيفة وبالتالي تحقيق التوازن الدولي.

مميزات الحياد الدائم:

الحياد الدائم يمتاز بثلاث مميزات:

1) انه نظام دائمي وليس مؤقتاً, اي لاينتهي بأنتهاء حالة الحرب.

2) انه ينشأ نتيجة لمعاهدة دولية تعقد مابين دولتين أو أكثر.

3) انه يطبق على كامل أقليم الدولة لاعلى جزء معين منها.

واجبات الدول المحايدة:

وهذه الواجبات تنبع من فكرتين وهما الأمتناع وعدم التحيز:

1- واجب الأمتناع:

ويشمل أمتناع الدولة الموضوعة في حالة الحياد الدائم من الأشتراك في اي حرب سواء كانت واقعة فعلاً أو محتملة الوقوع. إلا في حالة واحدة فقط وهي حالة أستعمالها لحق الدفاع الشرعي, فيكون لها الحق في أتخاذ كل ماتراه مناسباً من أجراءات لتأمين الحماية والدفاع عن نفسها. ولا يعتبر ذلك مخلاً بحالة الحياد الدائم, شرط عدم تجاوز أستعمال حق الدفاع الشرعي عن النفس.

كما ويمتنع على الدولة المحايدة من عقد المعاهدات العسكرية أو الدخول في أحلاف عسكرية, ويحرم عليها ايضاً أستخدام أراضيها لمصلحة احدى الدول المتحاربة أو أنشاء قواعد عسكرية عليها.

وفي مقابلة ذلك تلتزم الدول الدول الأخرى بأحترام سلامة الدولة المحايدة, وكذلك الدفاع عنها في حالة أنتهاك حرمة حيادها. وهذا مافعلته أنكلترا عام 1914 عندما دافعت عن بلجيكا عقب اعتداء المانيا عليها, حيث كانت موضوعة في حالة حياد دائم وكانت أنكلترا أحدى الدول الضامنة لهذا الحياد.

2- واجب عدم التمييز:

واجب الحياد يتطلب ايضاً من الدولة المحايدة ان تلتزم مبدأ المساواة في التعامل وذلك مع جميع الدول المتحاربة من دون مجاملة أحد الأطراف على

حساب مصلحة اطراف متحاربة أخرى.[1]

ومن أمثلة الدول التي مازالت موضوعة في حالة الحياد الدائم هي كـل مـن سويسرا والنمسا. إذ تقرر وضع سويسرا في حالة الحياد الـدائم منـذ مـؤتمر فينـا لعام 1815, وقـد تأكد هـذا الحياد عام 1919 مـن خـلال معاهـدات فرسـاي للصلح. كما وقد أحترمت الـدول المتحاربـة فعـلاً هـذا الحياد خـلال الحـربين العالميتين الأولى والثانية.

اما عن حياد النمسا الـدائم, فقـد تم الأتفـاق عليـه بعـد الحـرب العالميـة الثانية وذلك من قبل الولايـات المتحـدة الأمريكيـة وبريطانيـا وفرنسا والأتحـاد السوفياتي, حيث تأكد ذلك من خلال معاهدة الصلح المبرمـة عـام 1955 والتـي نص عليها الدستور النمساوي ايضاً, وذلك بالأعلان عـن الحياد الـدائم والألتـزام بعدم الأنضمام الى اي حلف عسكري, وتوج هـذا الأعلان الدستوري بـأعتراف الدول الأربعة الكبرى بهذا الحياد للنمسا.

---

(1)   للزيادة أنظر, د. الشافعي محمد بشير, مرجع سابق, ص482-493.

المبحث الثالث
نشأة الدول

من الطبيعي ان الدولة تنشأ بعد أجتماع عناصرها الأساسية من شعب وأقليم وحكومة. ومع ذلك فأجتماع مقومات الدولة وقيامها قد لايؤهلها للدخول في علاقات مع الدول الأخرى التي تؤلف الجماعة الدولية مالم يتم الأعتراف بها من قبل هذه الدول. لذلك يعد الأعتراف بالدولة بمثابة حجر الزاوية لنقل الدولة من النطاق الوطني الى النطاق الدولي.

كما قد تطرأ على مقومات الدولة تغيرات عديدة قد تؤدي الى الأنتقاص من الشخصية القانونية للدولة او قد تؤدي الى أنقضائها. وهذا مسنتناوله في هذا المبحث, وبايجاز:

المطلب الأول
أسباب نشوء الدول

وتنشأ الدول لأسباب عدة, فقد تنشأ نتيجة:

1) الأنفصال: كأن تنفصل دولة أو مقاطعة أو مستعمرة بالقوة عن الدولة التي كانت تابعة لها, كأنفصال الولايات المتحدة الأمريكية عن بريطانيا عام 1776, وأنفصال البرازيل عن البرتغال عام 1822, وأنفصال اليونان عن تركيا عام 1827. وقد يكون الأنفصال بطرق سلمية من دون اللجوء الى القوة كأنفصال النرويج عن السويد عام 1905, بعد ان كانت في اتحاد حقيقي معها.

2) التفكك: كتفكك دولة كبيرة الى دول صغيرة نتيجة الحرب, كنشوء

الدول البلطيقية (لتوانيا, أستونيا, لاتيفيا), بعد تفكك روسيا القيصرية عام 1917, وتفكك الأتحاد السوفياتي الى 15 دولة بعد أنهيار الأتحاد السوفياتي عام 1991.

3) الأستيلاء: ويتمثل بأحتلال منطقة خالية وغير مأهولة بالسكان, كنشوء دولة ليبيريا في أفريقيا الغربية عام 1822.

4) العمل القانوني: كالفلبين مثلاً, التي نشأت بموجب قوانين أمريكية صدرت عام 1934. إذ يتمثل العمل القانوني هنا بالقانون الداخلي, كما قد يكون العمل القانوني معاهدة دولية كالمعاهدة البريطانية- الأيرلندية لعام 1921, التي نشأت بموجبها دولة أيرلندا الحرة. وكذلك الأتفاقات المبرمة بين بريطانيا وأمارات الخليج العربي بين عامي 1970 و1971 والتي نشأت بموجبها دول البحرين وقطر ودولة الأمارات العربية المتحدة.

وأخيراً فقد يكون العمل القانوني يتمثل بصيغة قرار صادر عن هيئة دولية كالقرار الصادر عن مؤتمر لندن عام 1912, القاضي بأنشاء دولة البانيا, وكذلك القرار الصادر عن الجمعية العامة للأمم المتحدة الصادر عام 1949, القاضي بأنشاء دولة ليبيا.

المطلب الثاني

الأعتراف بالدولة الجديدة

والأعتراف هو أجراء مستقل عن نشأة الدولة. فالدولة تنشأ باجتماع مقومات وعناصر قيام, واذا مانشأت تثبت لها السيادة على أقليمها وعلى رعاياها, إلا انها لاتتمكن من ممارسة هذه السيادة في علاقاتها الدولية ومن ثم فهي لاتتمكن من مباشرة حقوقها في مواجهة الدول الأخرى, إلا اذا سلمت هذه الدول بوجودها وقبولها كعضو في الجماعة الدولية.

الفرع الأول

الطبيعة القانونية للأعتراف

هناك نظريتان تحكم الطبيعة القانونية للأعتراف هما:

أولاً: نظرية الأعتراف المنشئ:

وهذه النظرية ينادي بها ويدافع عنها غالبية فقهاء المذهب الأرادي [1], والتي ترى في الأعتراف بالدولة الجديدة بانه هو الذي يخلق الشخصية القانونية للدولة, ومن ثم فهو الذي يمنحها الوجود القانوني بأعتبارها شخصاً قانونياً من أشخاص القانون الدولي العام. إلا ان مايؤخذ على هذه النظرية:

1) أسرافها في الأعتماد على ارادة الدول, فهي إذ ترى ان أرادات الدول هي التي تخلق هذه الدولة الجديدة وتمنحها الوجود القانوني.

2) أنها تتعارض مع المبدأ القاضي بأن نشأة الدولة هو حدث تأريخي

_____

(1) كالفقيهان الألمانيان تريبل ويلنيك, والفقيه الأيطالي آنزيلوتي, والفقيه البريطاني أوبنهايم.

يرتبط بأعتبارات وظروف سياسية وأجتماعية وتأريخية معينة, ومن ثم لايمكن جعل وجودها أو عدمه وقفاً على أرادات الدول الأخرى. فلى سبيل المثال, كانت الدول الأوروبية قد أمتنعت ولفترة طويلة عن الأعتراف بتركيا, إلا أنها أضطرت الى الأعتراف بها في معاهدة باريس لعام 1856.

3) النظرية تتناقض مع العمل الدولي, فالعمل الدولي يقرر على سبيل المثال بعض الألتزامات القانونية على الدولة رغم عدم الأعتراف بها. وخير مثال على ذلك, نجد ان الولايات المتحدة الأمريكية قد حملت كوريا الشمالية المسؤولية الدولية عن بعض الحوادث البحرية رغم انها لم تعترف بها.

في حين ان النظرية تنكر على الدولة التي لم يتم الأعتراف بها شخصيتها القانونية الدولية, ومن ثم لاتتمكن من الأستناد الى قواعد القانون الدولي العامة قبل مسألة الأعتراف بها دولياً.

ثانياً: نظرية الأعتراف الكاشف (الأقراري):

هذه النظرية نادى بها فقهاء المذهب الموضوعي وفقهاء آخرين[1], كان من بينهم الفقهاء السوفيت ايضاً. ووفقاً لهذه النظرية, فالدولة هي شخص من أشخاص القانون الدولي العام متى ما توافرت مقوماتها وعناصر قيامها, والأعتراف بها يمكنها فقط من الدخول في دائرة العلاقات الدولية.

اما اذا لم تعترف بها باقي الدول الأخرى, فهذا لايعني أنكار شخصيتها

(1) كالفقيه بيلي ويونفيس من أنصار القانون الطبيعي وكلسن من أنصار القانون المجرد وجورج سيل من أنصار مذهب التضامن الأجتماعي.

الدولية القانونية, كما تعو لذلك نظرية العتراف المنشئ, بل يترتب على ذلك فقط عدم قيام العلاقات الدولية ما بين الدولة الجديدة والدول الأخرى التي ترفض الأعتراف بها.

وان هذه النظرية هي ما جرى عليها العمل الدولي وأعتمادها. فقد أخذ بها على سبيل المثال, ميثاق بوغوتا لمجموعة الدول الأمريكية عام 1948, عندما قررت في المادة التاسعة منه "ان وجود الدولة السياسي مستقل عن أعتراف الدول بها". وبهذا يكون الأعتراف بموجب هذه النظرية عمل كاشف عن الآثار القانونية الناشئة عن وجود الدولة الجديدة, وذلك من خلال أنصراف أرادة الدول الى أدخال الدولة الجديدة عضواً في الجماعة الدولية فقط.

وفضلاً عن ذلك, فالقضاء الدولي ايضاً اتجه الى الأخذ بهذه النظرية, فقد جاء في الحكم الذي أصدرته محكمة التحكيم المختلطة بين المانيا وبولونيا عام 1949, بخصوص الأعتراف بدولة بولونيا, ان "الأعتراف ليس عملاً منشئاً, بل هو مجرد أجراء كاشف إذ ان الدولة توجد بذاتها وما الأعتراف إلا تصريحاً بهذا الوجود يصدر من الدولة المعترفة"[1].

(1) للزيادة أنظر, د. يحيى الجمل, الأعتراف في القانون الدولي العام, دار النهضة العربية, القاهرة, 1963, ص229.

الفرع الثاني
أشكال الأعتراف

والأعتراف بالدولة الجديدة يتخذ أشكالاً مختلفة, فقد يكون أعترافاً مؤقتاً فيسمى بالأعتراف الواقعي, وقد يكون نهائياً كاملاً ويدعى أعترافاً قانونياً, وقد يصدر بصيغة صريحة أو بصيغة ضمنية, وأخيراً قد يصدر بشكل فردي أو بشكل جماعي.

أولاً: الأعتراف الواقعي والأعتراف القانوني:

(The Realistic Confession & the Lawful Confession)

والأعتراف الواقعي هو أعتراف مؤقت, يمكن الغاؤه اذا ماتغيرت الظروف, فعندما تنشئ الدولة الجديدة, قد تكون الدول الأخرى غير متأكدة تماماً من أستقرار هذه الدولة وديمومتها, لما تحيط بها من ملابسات كثيرة, وبالتالي فهي لاترغب في أصدار أعتراف سابق لأوانه بالدولة الجديدة.

وبذلك يتضح ان هذا الأعتراف يمنح الدولة فرصة كافية للتأكد بعد أستقرار الأمور وأتضاح حقائقها من ان تقوم اما بسحبه أو بتحويله الى أعتراف قانوني.

اما الأعتراف القانوني, فهو على العكس من الأعتراف الواقعي حيث يضع نهاية لفترة الأختبار التي مرت بها الدولة الجديدة ويمثل بداية جديدة لعلاقات دبلوماسية أعتيادية.

وغالبية الدول تلجأ الى الأعتراف الواقعي قبل أصدارها للأعتراف القانوني, والأمثلة على ذلك كثيرة, فقد أعترفت كندا بأسرائيل أعترافاً واقعياً

عام 1948 ثم أعترفت بها أعترافاً قانونياً عام 1949.

ثانياً- الأعتراف الصريح والأعتراف الضمني

(The Express Confession & the Tacit Confession):

والأعتراف الصريح هو الأفصاح عن نية الدولة بالأعتراف بالدولة الجديدة, وذلك بتبادل المذكرات الدبلوماسية كأعتراف الولايات المتحدة الأمريكية بالمملكة العربية السعودية عام 1931, وبالأتحاد السوفياتي عام 1933. أو قد يكون على شكل بيان أو تصريح كتصريح حكومة فرنسا الحرة بالأعتراف بسوريا عام 1941, وبيان وزارة الخارجية العراقية عام 1980 الذي أعلنت فيه أعترافها بجمهورية زمبابوي.

اما الأعتراف الضمني, فهو الذي يستخلص من بعض التصرفات التي تأتيها الدولة كالتوقيع على المعاهدات أو تبادل التمثيل الدبلوماسي مع الدولة الجديدة, لذلك فقد اعتبر أتفاق بريطانيا مع الأتحاد السوفياتي عام 1956 حول تقسيم الفيتنام أعترافاً ضمنياً من بريطانيا بفيتنام الشمالية.

اما عن تبادل التمثيل القنصلي أو الأبقاء عليه فلا يعتبر من قبيل الأعتراف الضمني[1], لأن مثل هذا الأجراء في العادة يهدف الى حماية مصالح ورعايا الدولة وليس الدخول في علاقات دولية عامة بين الدول التي تتبادل مثل هذا التمثيل. لذلك لم يعتبر أعترافاً بالمانيا الديمقراطية عندما أرسلت الهند بعثة قنصلية الى برلين عام 1970.[2]

---

(1) أنظر المادة الثانية من أتفاقية فينا للعلاقات القنصلية لعام 1963.

(2) لمزيد من التفاصيل أنظر, د. يحيى الجمل, مرجع سابق, ص227؛ و كذلك أنظر, د. أحمد سرحال, مرجع سابق, ص217.

ثالثاً- الأعتراف الفردي والأعتراف الجماعي [1]

(The collective Confession & the Individual: Confession)

والأعتراف الفردي, هـو الأعتراف الصـادر عـن دولـة أو شخص واحـد مـن أشخاص القانون الدولي, كأعتراف الدول منفردة بدول كل من جيبـوتي وأسـتونيا ولاتيفيا وليتوانيا وجورجيا.

اما الأعتراف الجماعي, فهو الأعتراف الصـادر عـن مجموعـة مـن الـدول أو أشخاص القانون الدولي في أطار المعاهدات الجماعية مثلاً, كالأعتراف بكل مـن رومانيا وصربيا ومونتينغرو بموجب معاهدة برلين المعقودة عـام 1878, أو عـن طريق المؤتمرات الدولية كالأعتراف ببولونيا في مؤتمر فرساي للصلح لعام 1919.

كـما ويعتـبر في حكـم الأعـتراف الجماعي قبـول الدولـة في عضويـة احـدى المنظمات الدولية, كما تجلى ذلك عند قبول الأتحاد السوفياتي في عضويـة عصبـة الأمم عام 1934 بأغلبية 39 صوتاً ومعارضة وأمتناع 10 أصوات, ومع ذلك فقد اعتبر قبول الأتحاد السوفياتي بالأكثرية ملزماً للدول المعترضة والممتنعة ومن ثم الزمت بالأعتراف به.

ومع ذلك, فهذا لايعني تعميم هذا المبدأ عـلى جميـع الـدول, فقـد لايكون ملزماً على كل دولة اذا ما تمكنت احداها مـن الأنضمام الى منظمة مـا ضرورة الأعتراف بها. وخير مثـال عـلى ذلك, مجموعـة الـدول العربيـة عنـدما رفضت الأعتراف بأسرائيل رغم قبولها عضواً في الأمم المتحدة عام

---

(1) أنظر د. عبد الواحد الناصر, خصائص الدول في محيط العلاقات الدوليـة, دار حطين للطباعة, ط3, الرباط, 1995, ص63-65.

1949, وذلك لأن الأعتراف يعتبر من عمال السيادة فالدولة تمنحه لمن تشاء وتمنعه عمن تشاء.

الفرع الثالث

أنواع الأعتراف

والى جانب الأعتراف بالدولة توجد أعترافات اخرى كـالأعتراف بالمحاربين والأعــتراف بـالثوار والأعــتراف بأمـة والأعــتراف بمنظمـة التحريـر الفلسطينية والأعتراف بحركات التحرر الوطني والأعتراف بالحكومة.

أولا- الأعتراف بالمحاربين combatants

ويحدث أثناء الحرب الأهلية وبالتالي يصبح للثوار حكومـة منظمة وجيش منظم, وعندذاك يتم الأعتراف لهم بصفة المحاربين ويترتب عـلى هذا الأعـتراف النتائج التالية:

1) حلول القانون الدولي العام محل القانون الداخلي (الوطني) لدولة الأصـل في العلاقات التي تربط بين الطرفين.

2) وقوف الدول التي أعترفت لهم بصفة المحاربين موقف الحياد.

وقد ظهر هذا النوع من الأعتراف في مطلع القرن التاسع عشر, عندما ثارت شعوب أمريكا الجنوبية في وجه الأستعمار الأسباني, فقامـت الولايـات المتحدة الأمريكيـة بـالأعتراف لهـؤلاء الثـوار بصفة المحاربين تمكيناً لهـم مـن مباشرة حقوقهم المشروعة في ضوء قواعد القانون الدولي كمحاربين, كما أعترفت لهـم ايضاً بريطانيا كمحاربين عام 1822.

كما طبـق هـذا النوع مـن الأعتراف أثنـاء الحـرب العالميـة الأولى بالنسبة لحركـات التحـرر العربي التي قامـت في الحجـاز للأنفصـال عـن الأمبراطوريـة العثمانية.

155

ثانياً- الأعتراف بالثوار **Rebelliones**:

هذا النوع من الأعتراف يختلف عن الأعتراف السابق من حيث ان الأول ينصب على حرب أهلية, في حين ان هذا الأعتراف ينصب على النضال المسلح دون ان تصل الى مستوى الحرب الأهلية. وهذا النوع من الأعتراف قد يصدر من الدولة الأصل كما قد يصدر من دولة اجنبية, فاذا ما صدر من دولة الأصل فسوف تترتب عليه النتائج التالية:

1) في حالة القبض على الثوار يعاملون معاملة أسرى الحرب لا كخونة.
2) من الناحية القانونية يعتبر الثوار محلاً للمسؤولية الدولية, فلا علاقة للدولة الأصل عن اي عمل يتنافى وقواعد القانون الدولي العام يكون صادراً عن الثوار.

ثالثاً- الأعتراف بالأمة **Nation** :

ويعود ظهور هذا النوع من الأعتراف في العلاقات الدولية الى احداث الحرب العالمية الأولى, وذلك بخصوص أنشاء دول يوغسلافيا وبولونيا وتشيكوسلوفاكيا (سابقاً), والتي قبل نشوؤها كانت على شكل لجان قومية تعاملت معها الدول الأجنبية كأنها تمثل الأمة التي تنتسب اليها.[1]

رابعاً- الأعتراف بمنظمة التحرير الفلسطينية[2]:

طبق هذا النوع من الأعتراف بمنظمة التحرير الفلسطينية بوصفها الممثل الشرعي للشعب الفلسطيني. كما ان دولاً عديدة اعترفت بمنظمة

(1) للزيادة أنظر, د. الشافعي محمد بشير, مرجع سابق, ص114-115.
(2) أنظر, د. صالح جواد الكاظم, مباحث في القانون الدولي, دار الشؤون الثقافية العامة, وزارة الثقافة والأعلام, ط1, بغداد, 1991, ص85-122.

التحريـر الفلسـطينية وسـمحت لهـا بفـتح مكاتبهـا في عواصـمها كالأتحـاد السوفياتي والسويد والنمسا وكوبا والهند ودول اخرى.

خامساً - الأعتراف لحركات التحرر الوطني بصفة المحاربين:

هذا النوع من الأعتراف طبق في الآونة الأخيرة لحركات التحـرر الـوطني في كل من آسيا وأفريقيا لأضفاء الصفة الشرعية على كفاحها المسلح ضد الأستعمار ومن ثم تمكينها من الحقوق التي يقرها القانون الدولي العام للمحاربين كخطوة أولى نحو تقرير المصير.

المطلب الثالث

التغيرات التي تحدث للدولة

قد تتعرض الدولة خلال حياتها اى احداث وتغيرات كثيرة سـواء كانـت عـلى الصعيد الداخلي أو الدولي, وهذه المتغيرات قد تطرأ عـلى عنصرـ مـن العنـاصر المكونة للدولة فلا تؤثر في شخصيتها الدولية, أو قد تطرأ عـلى جميـع العنـاصر المكونة لها فتؤدي الى زوالها. لذلك سوف نتناول دراسة الأمرين معا.

الفرع الأول

التغيرات التي لاتؤدي الى زوال الدولة

والمقصود بهذه التغيرات, هي تلك التعـديلات التـي لاتتنـاول كـل مقومـات وعناصر الدولة, بل تطرأ على احد العناصر المكونة لها كالشـعب أو الأقلـيم أو السلطة الحاكمة, وعلى النحو الآتي:

أولاً- التغيرات التي تطرأ على عنصر السلطة الحاكمة:

كقاعدة عامة ان اي تغيير في شكل الحكومة لايؤثر على المركز القانوني للدولة. وهذه القاعدة تستند في شرعيتها القانونية الى مبدأ عام مقبول ومستمد من مجموعة المبادئ العامة للقانون الدولي وهو مبدأ أستمرارية الدول.

اي ان الدولة قائمة ومستمرة رغم كل ما يطرأ عليها من تغيرات, لذلك فان كل حكومة واستناداً الى هذا المبدأ تكون مسؤولة عن تصرفات الحكومة السابقة عليها, بأعتبار ان تغير الحكومة لايؤثر في شخصية الدولة القانونية.

كما ان لهذه التغيرات الطارئة على شكل الحكم آثار جانبية اخرى, خاصة فيما يتعلق بمسائل المعاهدات والأتفاقيات الدولية وكذلك الألتزامات المالية (القروض).

بالنسبة للمعاهدات, فما جرى علية العمل الدولي, هو أستمرار المعاهدات في احداث آثارها حتى في حالة اذا ماتغير النظام الداخلي للحكم. فعلى سبيل المثال, نص بروتوكول لندن عام 1831 على ان"المعاهدات لاتفقد صفتها الألزامية مهما كانت التغيرات التي تحدث للنظام الداخلي". وكذلك اعلان الحكومة الألمانية النازية عن التزامها بالمعاهدات التي أبرمتها الحكومات السابقة عليها.

غير ان هناك بعض المعاهدات لايمكن ان تبقى مستمرة خاصة اذا ماكانت تفترض شكلاً معيناً من الحكم. ففي حالة تغير نظام الحكم مثلاً من ملكي الى جمهوري, فان النظام الجديد سوف لايكون مسؤولاً إلا عن

المعاهدات المبرمة لصالح الدولة بشكل عام. اما عن المعاهدات المبرمة للمصالح الخاصة للنظام, فلا مسؤولية عليها.

اما فيما يتعلق بالألتزامات المالية أو القروض, فالقانون الدولي العام يقرر مبدأً عاماً في هذا الخصوص, وهو ان تغير الحكومة لايؤثر في التزامات الدولة المالية, إلا في حالة واحدة فقط, وهي اذا ماكانت هذه الألتزامات مقررة لمصلحة النظام الحاكم بشكل خاص.

اما اذا كانت الألتزامات المالية تتعلق بقروض لمصلحة الدولة, فان تغير نظام الحكم لايؤثر في التزامات الدولة من الناحية الدولية. وخير مثال على ذلك, هو التزام حكومة المانيا النازية بالديون التي أقترضتها حكومة فايمر التي سبقتها.

ثانياً- التغيرات التي تطرأ على عنصر السكان:

وهذه التغيرات غالباً ما تتمثل في زيادة عدد رعايا الدولة أو نقصانهم, وسواء حصل هذا التغيير في الزيادة أو النقصان أو حتى في أختلاف العناصر المكونة للسكان كقدوم اللاجئين من الخارج على سبيل المثال. وهذا لايؤثر في الشخصية الدولية للدولة.

ثالثاً- التغيرات التي تطرأ على عنصر الأقليم:

والتغيرات التي تطرأ على الأقليم تتمثل اما بزيادة مساحة الأقليم عن طريق الحاق جزء من أقليم دولة اخرى أو نقصان مساحته عند أنفصال هذا الجزء وأستقلاله عن دولة الأصل. ومن الطبيعي فان هذه التغيرات لاتؤثر على كيان الدولة وشخصيتها الدولية طالما ان هذا الأقليم مايزال قابلاً للتعين وموجوداً.

وللتغيرات الأقليمية آثاراً مهمة كانت ولاتزال مثار اهتمام القانون الدولي العام خاصة فيما يتعلق بالآثار المترتبة على انتقال جزء من أقليم الدولة الى سيادة دولة اخرى, وذلك في مسائل المعاهدات والأموال والديون والنظام القانوني الداخلي والجنسية. وهذا ما سنتناوله بإيجاز:

أ- أثر التغيرات الأقليمية في المعاهدات:

كمبدأ عام هو عدم مسؤولية الشخص إلا عما انعقد بأرادته من الألتزامات. وهذا يعني ان الأعمال القانونية الصادرة عن الدولة لايمكن ان تكون سارية في أقليم دولة اخرى, ذلك لأن الدولة لايمكن ان تسأل إلا عن الألتزامات الصادرة عنها.

وعليه, فأنفصال جزء من أقليم الدولة سوف لايكون خاضعاً للمعاهدات التي سبق وان أبرمتها الدولة الأصل, إلا اذا وافقت على ذلك بملىء أرادتها.

وكأي قاعدة عامة فان هذا المبدأ قد ترد عليه بعض الأستثناءات, اي أمتداد أثر المعاهدات الى الجزء المنفصل من الأقليم كالمعاهدات المتعلقة بالملاحة في نهر أو مضيق معين, على سبيل المثال.[1]

ب- أثر التغيرات الأقليمية في الأموال:

وفي هذا الصدد ينبغي التمييز مابين الأموال العامة والأموال الخاصة للدولة.

(1) لمزيد من التفاصيل أنظر, د. محمد المجذوب, مرجع سابق, ص140-141.

1- الأموال العامة:

كمبدأ عام فالأموال العامة تنتقل من الدولة التي أنفصل جـزء مـن أقليمهـا عنها الى الدولة الضامة. والأموال العامة هي الأموال التي تكون مخصصة لمرفق عام أو لمنفعة عامة كالمستشفيات والملاجيء والجسور وغير ذلك.

وقد أكدت هذا المبدأ محكمة العدل الدولية الدائمة, وذلك في القرار الـذي أصدرته عام 1933 بصدد قضية جامعة بيتر بازمني مابين المجر وتشيكوسلوفاكيا (سابقاً), والذي جاء فيه انه يعتبر انتقـال الأمـوال العامـة التـي كانـت مملوكـة لدولة الى الدولة التي آل اليها الأقليم, وذلك كمبدأ من مبادئ القانون الـدولي العام.

2- الأموال الخاصة:

كقاعدة عامة فان الأموال الخاصـة الموجـودة في الأقليـم المنفصـل هـي مـن حق دولة الأصل, وهذا لايمنع مـن الأتفـاق عـلى مخالفـة هـذه القاعـدة. فعـلى سبيل المثال, معاهدة فرساي للصلح عام 1919 عندما أعادت الى فرنسا أقليمـي الألزاس واللورين, وكانت قـد قـررت أنتقـال جميـع الأمـوال الخاصـة في هـذين الأقليمين الى فرنسا دون مقابل.

اما عن الأتجاه السائد في الوقت الحـاضر, فيميـل الى نقـل الأمـوال العامـة والخاصة الى الدولة الجديدة. والأمثلة على ذلك كثيرة, منها تصريح عـام 1962 والمتعلق بالتعاون الأقتصادي والمالي بين فرنسا والجزائر, التـي نصـت عـلى نقـل جميع الأموال التي كانت لفرنسا في الجزائر الى الحكومة الجزائرية.

3- أموال الأفراد الخاصة:

المبدأ العام والمطبق في هذه المسألة هو احترام الحقوق الخاصة التي منحتها دولة الأصل لبعض الأفراد أو الشركات الأجنبية وبصورة قانونية على الأقليم قبل أنفصاله أو ضمه, وذلك تأكيداً لمبدأ أحترام الحقوق المكتسبة.

وتعتبر الأمتيازات الممنوحة من دولة الأصل من اهم الحقوق المكتسبة, اذا ماكانت لاتتعارض مع النظام العام ومصلحة الدولة الجديدة وإلا فان ذلك لايمنع الدولة الضامة أو المنفصلة عن دولة الأصل من الغاء الأمتيازات أو تعديلها. وهذا ما تأكد في القضاء الدولي من خلال الحكم الذي أصدرته محكمة العدل الدولية الدائمة عام 1925 في قضية مافروماتيس بين كل من اليونان وبريطانيا والذي جاء فيه "ليس من مقتضيات مبدأ أحترام الحقوق المكتسبة بعقود الأمتياز عدم جواز الغائها أو تعديلها بما يؤمن الصالح العام في الدولة التي تلقت هذه العقود".

ج- أثر التغيرات الأقليمية في الديون:

والديون على نوعين: الديون المحلية؛ والديون العامة.

1- الديون المحلية:

وهي الديون التي أقترضتها دولة الأصل لمصلحة الأقليم الذي أنفصل عنها, وذلك لأنشاء السدود أو مد السكك الحديدية مثلاً, فان هذه الديون تنتقل بأكملها الى ذمة الدولة التي انتقل اليها الأقليم, باعتبار ان الأقليم وحده هو المستفيد من هذه الديون.

2- الديون العامة:

اما عن الديون العامة التي التزمت بها الدولة ولمصلحتها العامة فهناك رأيان بهذا الصدد:

الرأي الأول- ويذهب الى ان دولة الأصل هي وحدها الملزمة بالوفاء بالديون التي أقترضتها لصالح الدولة عامة، لأنها وان فقدت جزء من أقليمها إلا انها لم تفقد شخصيتها الدولية.

اما الرأي الثاني:

فهو يستند الى مقتضيات العدالة والى ان الدولة عندما أقترضت فانما هو للصالح العام ولفائدة كل الأقليم، لذلك يكون من الطبيعي ان تلتزم الدولة الضامة بدفع جزء من هذه الديون.

والتعامل الدولي يقدم حلولاً في هذا الخصوص تبعاً لوجود الأتفاق بنقل الديون أو جزء منها من عدم وجوده.

ففي حالة وجود أتفاق دولي يقضي بأنتقال الديون بسبب أنفصال الأقليم أو ضمه، فهناك قواعد أساسية لمعرفة نصيب الجزء المنفصل من ديون دولة الأصل، فقد تستند على سبيل المثال على مساحة الأقليم في تحديد نصيبه من الديون. والواقع ان هذا المعيار خاطيء لأن مساحة الأقليم ليست مقياساً حقيقياً لقيمته المالية والأقتصادية. فهناك أقاليم صغيرة ولكنها غنية وهناك أقاليم شاسعة ولكنها فقيرة، وهذا المعيار كان قد اعتمده مؤتمر برلين عام 1878 لتحديد نصيب دول البلقان التي أنفصلت عن الأمبراطورية العثمانية من ديون هذه الدولة.[1]

---

(1) أنظر، د. محمد المحجوب، مرجع سابق، ص143.

وقد يتخذ البعض من عدد سكان الأقليم مقياساً, وهو معيار خاطيء ايضاً, لأن هناك أقاليم صغيرة وتكون آهلة بالسكان واخرى واسعة وتفتقر الى السكان.

إلا ان المعيار السليم في مسألة تحديد نصيب الأقليم من الديون هو الذي يستند الى نسبة الضرائب التي كان يؤديها الأقليم المنفصل الى مجموع الضرائب العامة في الدولة, لأن الضرائب تمثل في الواقع الدخل الحقيقي للأقليم, وتعتبر خير معيار لقيمته المالية. وقد أخذت بهذا المعيار معاهدة فرساي للصلح بالنسبة للأقاليم التي أنتزعت من الأمبراطورية العثمانية ومعاهدة سان جرمان بالنسبة لأمبراطورية النمسا والمجر.[1]

اما اذا لم يكن هناك اي أتفاق دولي يقضي بانتقال الديون بسبب التغيرات الأقليمية, ففي هذه الحالة يكون بمقدور الدولة الضامة من ان تقبل أو ترفض وبأرادتها المنفردة من تحمل اي شيء من الديون العامة التي أقترضتها دولة الأصل. لذلك رفضت الولايات المتحدة الأمريكية عام 1783 بعد أنفصالها عن بريطانيا من ان تتحمل اي جزء من الديون العامة, بينما قبلت بذلك دول أمريكا الجنوبية, بعد أستقلالها عن أسبانيا عام 1810 بان تسهم في دفع الديون العامة لهذه الدولة.[2]

د- آثر التغيرات الأقليمية في النظام القانوني الداخلي:

والقاعدة المقررة في هذا الصدد هو عدم التزام الدولة الضامة بالأعمال القانونية الصادرة عن دولة الأصل قبل الأنفصال سواء كانت تتعلق بالأدارة

(1) أنظر, د. محمد المحجوب, مرجع سابق, ص144.

(2) المرجع السابق, ص143.

أو القضاء أو التشريع, إذ لايمكن نفاذها مـن دون موافقـة الدولـة الضامة بذلك.

وقد تأكدت هذه القاعدة عند انتقال مقاطعتي الألزاس واللورين من المانيا الى فرنسا عام 1919 عنـدما قامـت فرنسـا بأقصـاء المـوظفين الألمـان فيهـا بعـد الأنتقال. وقد تخرج الدول عـلى هـذه القاعدة بأتفاق خاص يـنص عـلى نفـاذ الأعمال الأدارية أو التشريعية أو القضائية في الدولـة الضامة. كـما فعلـت فرنسـا عندما أتفقت مع الهند عام 1951 على دفع التعويضـات العادلـة لكل موظف في مقاطعة شاندرناغور قبل أنتقاله الى الهند, اذا ما أرادت الأخيرة أقصاؤه عـن العمل في المقاطعة المذكورة.[1]

هـ- أثر التغيرات الأقليمية في جنسية السكان:

ان أنفصال جزء من الأقليم وأنضمامه الى الدولة الجديدة أو أستقلاله سوف يـؤدي الى فقـدان الجنسية الأصلية لسكان هـذا الجـزء المنفصـل مـن الأقليم وأكتسابهم لجنسية الدولة التي آل اليها الأقليم.

وقد جرت العادة على منح سكان الأقليم المنفصـل حـق الخيار بين البقاء على جنسيتهم القديمة وبين أكتساب جنسية الدولـة التـي أنضموا اليها, وهـذا ماقررته معاهدة فرانكفورت عام 1971 المعقودة بين فرنسا والمانيا بشأن حـق الأختيار لسكان مقاطعتي الألزاس واللورين للجنسية الألمانية أو الفرنسية.

---

(1)   أنظر, شارل روسو, مرجع سابق, ص475-480.

الفرع الثاني
التغيرات التي تؤدي الى زوال الدولة

ان التغيرات اذا ماتناولت كل مقومات وعناصر قيام الدولة تؤدي بالنتيجة الى زوالها. والغالب ان الدولة تزول بالقضاء على أستقلالها وسيادتها, ويتم ذلك:

أولاً- عن طريق الضم بالقوة:

حيث كان الضم عن طريق أستعمال القوة مشروعاً في القانون الدولي التقليدي, وكان واحداً من وسائل كسب الأقاليم. إلا ان الوضع قد تغير في الوقت الحاضر, إذ اصبح ضم الأقليم بالقوة محرماً في ظل القانون الدولي المعاصر.[1]

والأمثلة على ذلك كثيرة, فدولة بولونيا كانت قد زالت في نهاية القرن الثامن عشر عندما تقاسمتها كل من روسيا وبروسيا والنمسا, ودول البلطيق الثلاث (لتوانيا وأستونيا ولاتيفيا) عام 1940 بضمهم الى الأتحاد السوفياتي.

ثانياً- عن طريق الأتحاد مابين دولتين أو أكثر:

فأتحاد دولتين أو أكثر لتكوين دولة واحدة بسيطة أو مركبة يؤدي كذلك الى زوال الدولة, ومثال ذلك زوال دولة مصر وسوريا عند أتفاقهما على

(1) وجدير بالذكر, ان الفقرة الرابعة من المادة الثانية من ميثاق منظمة الأمم المتحدة أشارت الى ذلك بالنص (يمتنع أعضاء الهيئة جميعاً في علاقاتهم الدولية عن التهديد بأستعمال القوة أو أستخدامها ضد سلامة الأراضي أو الأستقلال السياسي لأية دولة أو على اي وجه لايتفق ومقاصد الأمم المتحدة).

تكوين دولة جديدة تحت أسم الجمهورية العربية المتحدة سنة 1958, كذلك زوال دولة تنجانيقا ودولة زنجبار بأتحادهما عام 1964 مكونين دولة تنزانيا.

آثار زوال الدولة:

كذلك فان زوال الدولة يترتب عليها آثار قانونية وبشكل خاص بالنسبة للمعاهدات الدولية والأموال والديون.

أ- بالنسبة للمعاهدات الدولية:

إذ يجب التفرقة مابين المعاهدات الشارعة والمعاهدات التي تتعلق بأقليم الدولة الزائلة مباشرة, ومابين المعاهدات التي تقوم على أساس من الأعتبار الشخصي.

فالمعاهدات الشارعة تنعقد بأتفاق عدة دول عليها, وهي لاتنقضي ـ بزوال الدولة التي تكون طرفاً فيها, لأنها تهدف الى تحقيق مصلحة دولية عامة, كأتفاقيات لاهاي لعامي 1899 و 1907.

اما عن المعاهدات التي تتعلق بأقليم الدولة الزائلة, كمعاهدات الحدود مثلاً, أو المتعلقة بتنظيم المواصلات والملاحة في الأنهار الدولية, فأنها تنتقل الى الدولة الجديدة لتعلقها بها.

وفيما يتعلق بالمعاهدات التي يكون لشخصية عاقديها الأعتبار الأول, فهذه لاتنتقل الى الدولة الخلف لأن زوال الدولة يؤدي الى زوال هذا الأعتبار الشخصي كالمعاهدات السياسية مثلاً, والمتعلقة بالتحالف والضمان

والتبادل الأقتصادي والتجاري, وكذلك الحياد والتحكيم.[1]

ب- بالنسبة للأموال والديون:

كقاعدة عامة تنتقل جميع الأموال العامة والخاصة من الدولة الزائلة الى الدولة الجديدة. مع أحترام الحقوق المكتسبة التي منحتها الدولة الزائلة لبعض الأفراد والشركات الأجنبية وبصورة قانونية على أقليم الدولة.

ام عن ديون الدولة الزائلة, فهي لاتسقط بزوالها وانما تنتقل الى ذمة الدولة الجديدة, وهذا بالطبع ما تمليه مقتضيات العدالة لما أصاب أقليم الدولة الزائلة من منافع نتيجة دخوله في سيادة الدولة الجديدة.

(1) أنظر, د.حامد سلطان, مرجع سابق, ص818.

الفصل الثاني
الأشخاص الدولية الأخرى من غير الدول

من المعلوم ان قواعد القانون الدولي العام قد أعدت في الأصل لتطبق على الدول فقط. فالدولة كانت ومازال الشخص الرئيس للقانون الدولي العام, ومازال هذا القانون يكرس القسم الأكبر من ابحاثه لدراسة الدولة.

إلا ان ذلك لايمنع من ان يكون هناك أشخاصاً آخرين يهتم بهم هذا القانون ويمنحهم اختصاصات محدودة تسبغ عليهم الصفة الدولية. وبالتالي تكون لهم أهلية قانونية وشخصية دولية تمكنهم من ممارسة نشاطاتهم الدولية وفي حدود معينة.

وهؤلاء الأشخاص الذين يشملهم القانون الدولي العام بالمخاطبة في ضوء احكامه وقواعده وهم: الفاتيكان (الدولة البابوية) والمنظمات الدولية وأخيراً الفرد الذي اخذ يثير الأهتمام بشكل متزايد في القانون الدولي العام, وذلك من خلال تقرير حقوق الفرد والعمل على تأمين ضمانات تلك الحقوق من الناحية الدولية. وهو ماسنتناوله في هذا الفصل من دراسة وبإيجاز:

المبحث الأول
الدولة البابوية (الفاتيكان)

ونتناول دراسة الدولة البابوية في مطلبين أثنين: نخصص الأول لدراسة الدولة البابوية القديمة؛ ونتناول في الثاني دولة الفاتيكان.

المطلب الأول
الدولة البابوية القديمة

لقد كان البابا وحتى عام 1870 يتمتع بالسيادتين الروحية والزمنية. وبموجب السيادة الروحية فهو رئيس الكنيسة الكاثوليكية, وبموجب السيادة الزمنية كن يعتبر رئيساً للدولة البابوية التي كانت تضم مقاطعات روما ومارس واوبرس ولانبوم, وهي دولة مستقلة وذات سيادة ولها شعب وأقليم ولها جيش خاص بها, وكذلك كانت تتمتع بالشخصية الدولية.

وقد أستمرت هاتين السلطتين بيد البابا حتى احتلال روما من قبل الجيش الأيطالي, حيث أصدرت الحكومة الأيطالية مرسوماً عام 1870 بضم أقليم الدولة البابوية للمملكة الأيطالية الجديدة. وبذلك زالت دولة البابا, وفقد البابا سلطته الزمنية كرئيس لهذه الدولة. إلا انه بقي محتفظاً بسلطته الروحية كرئيساً للكنيسة الكاثوليكية, وذلك بموجب القانون الذي أصدرته الحكومة الأيطالية عام 1871, والمسمى بقانون الضمانات.

الفرع الأول

نظام قانون الضمانات

قانون الضمانات بمثابة قانون داخلي أصدرته السلطة الأيطالية, وبموجبه يتم تنظيم العلاقة مابين الدولة الأيطالية وبين البابا, كما ينظم العلاقة مابين البابا والدول الأخرى.

وقد أشتمل قانون الضمانات على نصوص عديدة يمكن إيجازها بمايلي:

أولاً- يتمتع البابا بما يشبه السيادة, ويعتبر شخصاً مقدساً وذاته مصونة لاتمس, كما ان كل أعتداء يقع على شخصه أو يوجه ضده يكون في حكم الأعتداء الذي يقع على الملك أو يوجه ضده.

ثانياً- يتمتع البابا وفي جميع انحاء المملكة الأيطالية بالمراسيم الملكية.

ثالثاً- تتمتع الأمكنة المخصصة للبابا بالحصانة, ولايجوز لأحد من رجال السلطة الأيطالية من دخولها دون إذن مسبق.

رابعاً- يتمتع البابا بحق تبادل المبعوثين مع الدول الأجنبية, ولهم الحصانات والمزايا التي يقرها القانون الدولي للممثلين الدبلوماسيين.

إلا ان هذا القانون لم يعترف للبابا بأية سيادة أقليمية أو ملكية على اي جزء من روما ولا حتى على قصر الفاتيكان ذاته. بل ان حقه يقتصر- فقط على التمتع بالأقامة فيها وأستعمالها دون إمكان التصرف فيها. ذلك لأن قانون الضمانات يعتبرها منافع عامة.[1]

---

(1) أنظر, د. أحمد سرحال, مرجع سابق, ص229-233.

الفرع الثاني

موقف الدول من البابا

والدول في تعاملها مع البابا أنقسمت الى قسمين:

الأول: ويضم غالبية الدول: حيث أعتبرته شخصاً من أشخاص القانون الدولي العام. وله الحق في التمثيل الدبلوماسي وعقد المعاهدات الدينية, ويتحمل وحده تبعة المسؤولية الدولية.

الثاني: البعض من الدول, الذي لم يعترف للبابا بأية علاقات رسمية أو دبلوماسية. ورفضت حتى رفع العلم البابوي في الأعياد الدينية, ومن بين هذه الدول فرنسا منذ عام 1905 وحتى عام 1920.

المطلب الثاني

دولة مدينة الفاتيكان

بعد مجيء الحكومة الفاشية الى الحكم أخذ البابا بأستعادة نفوذه الروحي, وتأكد ذلك بعد التوقيع على معاهدة لاتران عام 1929. عليه سنتناول النظام القانوني لمعاهدة لاتران في فرع أول؛ وفي الفرع الثاني سندرس الوضع القانوني للفاتيكان.

الفرع الأول

نظام معاهدة لاتران

جاءت معاهدة لاتران بصيغة جديدة بالنسبة لقانون الضمانات, حيث أعترفت بأستقلال أقليم الفاتيكان عن الدولة الأيطالية وأخضاعها لسلطة البابا وملكيته, الذي عرف منذ تأريخ توقيع المعاهدة بمدينة أو حاضرة الفاتيكان.

وتقع هذه المدينة التي تبلغ مساحتها 44 هكتاراً في قلب العاصمة الأيطالية روما, كما ان عدد سكانها حوالي الف نسمة ويتمتعون بالجنسية الفاتيكانية, أضافة الى انهم من الذكور فقط.

وفضلاً عن ذلك, فالمعاهدة أعترفت لشخص البابا وممثليه وأراضيه بالحصانة, كما نصت كما نصت على تولي الحكومة الأيطالية قمع الجرائم التي ترتكب في أقليم الفاتيكان وعهدت الى الحكومة الأيطالية ايضاً مهمة تأمين أعمال المرافق العامة التي تحتاج اليها دولة الفاتيكان كالسكك الحديدية وخدمات البرق والبريد والهاتف والأذاعة وشبكات المياه والكهرباء.[1]

اما عن علاقة البابا بالدول الأجنبية, فقد شملتها الأتفاقية بالتنظيم ايضاً, فقد منحته أضافة الى حق التمثيل الدبلوماسي الحق في عقد المعاهدات التي تتصل باشؤون الدينية والتي يطلق عليها أسم الكونكوردات.

بيد ان معاهدة لاتران كانت قد حظرت على حاضرة الفاتيكان من الدخول كطرف في المنازعات التي تنشب بين الدول, ذلك لأن المعاهدة اعتبرت حاضرة الفاتيكان منطقة محايدة ولها حرمة خاصة.

الفرع الثاني
الوضع القانوني للفاتيكان

لقد ذهب فقهاء القانون الدولي الى ان حاضرة الفاتيكان هي دولة أخذت شكلها القانوني بعد التصديق على معاهدة لاتران, كما ان جميع عناصر

(1) لمزيد من التفاصيل, أنظر, د.أحمد سرحال, مرجع سابق, ص231-234.

ومقومات الدولة متوفرة فيها من أرض وسكان وسلطة.

وبناءاً عليه, فهي دولة ملكية تخضع لسيادة وسلطان البابا الذي يمتلك أضافة الى هذه السلطة الزمنية سلطة روحية.

إلا ان مسألة اعتبار حاضرة الفاتيكان كدولة لها مآخذ عديدة منها:

1) لايوجد في الفاتيكان شعب وحدته العائلة.

2) جنسية السكان هي جنسية وظيفية وأضافية, فهي تعبر عن الرابطة السياسية فقط مابين الفرد والفاتيكان. فأكتساب الجنسية الفاتيكانية يتحقق بمجرد توافر شروط معينة ويتم فقدها بمجرد أنعدام مثل هذه الشروط, ومن ثم يبقى محتفظاً بجنسيته الأصلية.

3) تمارس السلطة الروحية بدلاً عن السلطة السياسية فيها. حيث لاتقف عند حدود مدينة الفاتيكان وانما تمتد الى الأفراد الذين يدينون بالمذهب الكاثوليكي في اية دولة كانت.

4) لاتوجد فيها مرافق أدارية تقوم بتسييرها, وانما تقوم بهذه المهمة أيطاليا بدلاً عنها,

5) لاتختص بالنظر في الجرائم التي ترتكب في حاضرة الفاتيكان, وانما تتولى ذلك الحكومة الأيطالية, بناءاً على طلب من الفاتيكان.

ومع ذلك, فالفاتيكان هي عبارة عن شخص من أشخاص القانون الدولي العام وليست دولة. وقد وجدت بتنازل أيطاليا عن بعض أقليمها ومبانيها الى هيئة دينية وهي الكنيسة الكاثوليكية, وقد اعترف لها بالشخصية الدولية.

المبحث الثاني
المنظمات الدولية
International Organizations

والمنظمة الدولية هي هيئة أنشأتها مجموعة مـن الـدول بأرادتها للأشراف على شأن من شؤونها المشتركة, وتمنحها أختصاصات ذاتية تباشرهـا هـذه الهيئـة في المجتمع الدولي وفي مواجهة الدول الأعضاء نفسها.[1]

والمنظمات الدولية على أنواع: كالعالمية, مثـل عصبة الأمـم ومنظمة الأمـم المتحـدة؛ والمنظمـات الأقليميـة, كمنظمـة الوحـدة الأفريقيـة وجامعـة الـدول العربيـة ودول المجلـس الأوروبي ومجموعة الـدول الأمريكيـة؛ والمنظمـات المتخصصـة, كمنظمـة العمـل الدوليـة ومنظمـة التربيـة والثقافـة والعلـوم (اليونسكو) وغيرها.

الشخصية الدولية للمنظمة الدولية:

ان الفقه التقليدي كان قد أنكر علـى المنظمـة الدوليـة تمتعها بالشخصية القانونية الدولية, وأكدوا علـى ان الدولـة وحدها هـي شخص القانون الـدولي العام.[2] إلا ان الحال قد تغير مع نهاية القرن التاسع عشر, بعدما اخذ

---

(1) أنظر في هذه التعاريف, د. أحمد أبو الوفا, الوسيط في قانون المنظمات الدولية, دار النهضة العربية, ط2, القاهرة, 1985, ص36؛ وكـذلك أنظـر, د. مفيد شـهاب, المنظمات الدولية, دار النهضة العربية, ط2, القاهرة, 1974, ص37.

(2) انظر, د. محمد طلعت الغنيمي, الأحكام العامـة في قانون الأمـم, منشأة المعـارف, الأسكندرية, 1970, ص20-24؛ كذلك أنظـر, د. محمود سامي جنينة, القانون الـدولي العام, ط2, القاهرة, 1983, ص9.

الفقهاء بالأعتراف بوجود الجماعات والهيئات من غير الدول وتمتعها بالشخصية القانونية وخضوعها في علاقاتها للقانون الدولي العام.

ومما لاشك فيه, ان تمتع المنظمة الدولية بالشخصية القانونية الدولية كان قد تأكد بعد أعتراف محكمة العدل الدولي بالشخصية القانونية للمنظمة الدولية للأمم المتحدة, عندما أصدرت رأيها الأستشاري عام 1949 بخصوص التعويض عن الأضرار الناجمة عن قضية مقتل ممثل الأمم المتحدة الكونت فولك برنادوت على أيدي عصابات صهيونية عندما كان وسيطها في فلسطين.

وكذلك فان المواثيق الدولية تنص صراحة على تمتعها بالشخصية القانونية الدولية. فعللى سبيل المثال, تنص المادة 104 من ميثاق منظمة الأمم المتحدة على (تتمتع الهيئة في بلاد كل عضو بالأهلية القانونية التي يتطلبها قيامها بأعباء وظائفها وتحقيق مقاصدها). كما تتمتع المنظمة ايضاً في أرض كل عضو من أعضائها بالأمتيازات والحصانات الضرورية لتحقيق أهدافها.[1]

وكذلك الحال بالنسبة لإعضاء الأمم المتحدة وموظفوا المنظمة بالأمتيازات والحصانات الضرورية لكي يتمكنوا من ممارسة وظائفهم بأستقلال.[2]

اما عن ميثاق جامعة الدول العربية, فقد نصت المادة 14 منه على (يتمتع اعضاء مجلس الجامعة واعضاء لجانها وموظفوها الذين ينص عليهم

(1) أنظر, الفقرة الأولى من المادة 105 من ميثاق منظمة الأمم المتحدة.

(2) أنظر, الفقرة الثانية من المادة 105 من الميثاق.

في النظام الـداخلي بالأمتيـازات والحصـانات الدبلوماسـية أثنـاء قيـامهم بعملهم, وتكون مصونة حرمة المباني التي تشغلها هيئات الجامعة).

وبناءاً على ماتم ذكره من الشخصية القانونية للأمم المتحدة ولجامعة الدول العربية, فهو ينطبق على المنظمات المتخصصة ايضاً.

شروط تمتع المنظمة الدولية بالشخصية القانونية الدولية:

لتمتع المنظمة الدولية سواء كانت عالميـة أو أقليميـة بالشخصية القانونيـة الدولية, ينبغي توافر ثلاثة شروط وهي:

1) ان يكون للمنظمة أرادة ذاتية مستقلة عن أرادة الدول الأعضاء.

2) ان يكون للمنظمة أختصاصات محـددة لكي تظهـر شخصـيتها الدولية في حدود هذه الأختصاصات.

3) أعـتراف الـدول الأخرى أعترافـاً صريحـاً أو ضـمنياً بالشخصـية الدوليـة للمنظمة.

المبحث الثالث

الفرد Individual

من المعلوم ان الفرد هو شخص القانون الداخلي. إلا ان التساؤل الـذي يثار دائماً, هو هل يمنع ذلك من ان يكون الفرد من أشخاص القانون الدولي ايضاً, ام لا؟

وهذا في الواقع هو ما أختلـف بشـأنه فقهـاء القانون الدولي. فقد ذهـب فريق منهم الى القول بان القانون الدولي هو القانون الذي يعنى بشؤون الـدول فقط, ولامكان للفرد بين قواعد هذا القانون, وهؤلاء يمثلون الأتجاه التقليـدي. بينما ذهب فريق آخر الى عكس ماجاء به الأتجاه التقليدي, مؤكداً انه مـما لاشك فيه من ان الدول وحدها هي شخص القانون الدولي العـام. غـير ان ذلـك لايمنع من ان تكون هناك كيانات أخرى بأعتبارها أشخاصاً لهذا القانون, ولاسيما ان القانون الدولي دائماً يعني بمسائل حقوق الأنسان وتأمين حرياتهم الأساسية.

وعليهو سوف نحاول في هـذا المبحـث مـن عـرض هـذين المـذهبين بصورة موجزة وصولاً الى ماجرى عليه التعامل الدولي.(1)

ـــــــــــــــــــــــ

(1) أنظر بصدد الفرد, د. أحمد سرحال, مرجع سابق, ص293-310؛ وكذلك أنظر, د. الشافعي محمد بشير, مرجع سابق, ص239-259.

الفرع الأول
الأتجاهات الفقهية

أولاً- الأتجاه التقليدي:

وفقهاء هذا الأتجاه يـذهبون الى ان القانون الـدولي يـنظم علاقات الـدول فقط ولاعلاقة له بالأفراد. فالدولة في رأيهم هي شخص القانون الـدولي الوحيـد, ولامكان للأفراد بين قواعد هـذا القانون, وان مـايتمتع بـه الأفراد مـن حقوق ويترتب عليهم من التزامات تعود الى القانون الداخلي في دائرة أختصاصها.

ثانياً- الأتجاه الواقعي:

ويـذهب فقهـاء هـذا الأتجـاه الى ان الفـرد هـو الشـخص الوحيد للقانون الدولي, وان الدولة ليست مـن أشخاص القانون الـدولي وانمـا الأفراد وحـدهم أشخاص هذا القانون.

ومن ذلك نجد ان قواعد القانون الدولي تخاطب الأفراد مباشرة سـواء كانوا حكامـاً للدولة وهو الوضـع الشـائع أو محكـومين بقـدر تعلـق الأمـر بمصـالحهم الخاصة.

وبما ان الدولة تتكون من مجموعة من الأفراد تشكل المجتمع الوطني, فان المجتمع الدولي يتكون من مجموعة من الأفراد المنتمـين للمجتمعـات الوطنيـة المختلفـة. والدولـة بالتـالي مـاهي إلا وسـيلة قانونيـة لأدارة المصـالح الجماعيـة لشعب معين.

والواقع ان كلا الأتجاهين انما يمثلون تصوراً معيناً للحقائق الدولية. إلا

ان هناك آراءاً أخرى تقترب من حيث الواقع الى تحليل شخصية الفرد الدولية.

فهي عندما تؤكد ان الشخص المخاطب بأحكام القانون الداخلي هو الفرد ومع ذلك فهذا لايمنع من ان تكون هناك كيانات أخرى وهي المؤسسات العامة والشركات, على سبيل المثال. بأعتبارها أشخاصاً أعتبارية وبأمكانها ان تقوم بعمليات قانونية بأسمها ولحسابها الخاص, وان تؤثر وتتأثر في القانون الداخلي ايضاً.

كذلك هو حال القانون الدولي العام, فالدولة هي الشخص القانوني الأول لهذا القانون وهذا لايمنع من ان تقوم هناك كيانات أخرى بأعتبارها أشخاصاً لهذا القانون الدولي أيضاً.

وعلى الرغم من ذلك كله, فاذا كانت قواعد القانون الدولي تطبق على الفرد, فهذا لايعني ان الفرد في كل الأحوال هو شخص من أشخاص القانون الدولي إلا اذا حددت شخصيته القانونية الدولية, والتي هي غالباً ماتحددها الدول بأرادتها المتفقة على ذلك.[1]

(1) H. Lauterpacht, International law and Human Rights, London, 1950, S. 70-74.

الفرع الثاني

التعامل الدولي

ان مايجري عليه العمل الدولي اليوم يؤكد أهمية المركز الـذي يحتلـه الفـرد بوصفه فرداً ومستقلاً عن الدولة. ومن ذلك يتبين مايلي:

أولاً- وجود قواعد قانونية دولية تخاطب الفرد مباشرة:

فالقاعدة الخاصة بمنع القرصنة علـى سـبيل المثال, تعتـبر مرتكـب هـذه الجريمة مجرماً دولياً ويحق لكل دولة من ملاحقته ومن ثم محاكمتـه. وكذلك القواعد التي تضمنتها أتفاقية منع جريمة أبـادة الجنس البشري, والتـي أقرتها الأمم المتحدة عام 1948 حيث تنص في المادة الرابعة منها على معاقبة كـل مـن يرتكب هذه الجريمة سواء كانوا حكاماً مسؤولين ام أفراداً عاديين.

وفضلاً عن ذلك, فهناك القواعد الخاصة بتحريم المتاجرة بالرقيق بالمخدرات وأستعمالها. كذلك فالقانون الـدولي الحـديث يرتـب إجـراءات قانونيـة خاصـة لمحاكمة الفرد مبـاشرة لأرتكابـه جـرائم ضـد الأنسانية أو ضـد السـلم العـالمي كمحاكم طوكيو ونورنبيرغ.

ثانياً- حق الفرد في التظلم امام المحاكم الدولية:

كقاعدة عامة الفرد لايحق له مـن القيـام بـاي أجـراء قضـائي امـام المحـاكم والهيئات القضائية الدولية. وهـذا مـا أكدته الفقرة الأولى مـن المـادة 34 مـن النظام الأساسي لمحكمة العدل الدولية, بالنص (للدول وحدها الحق في ان تكون أطرافاً في الدعاوى التي ترفع للمحكمة).

إلا ان ذلك لايمنع من أتفاق الدول على ان تبيح للفرد من ممارسة الحق

في التظلم القضائي الدولي المباشر, كالأتفاقية الأوروبية لحماية حقوق الأنسان والحريات الأساسية لعام 1953, والتي منحت الفرد في الدول الأطراف في الأتفاقية حق اللجوء الى اللجنة الأوروبية لحقوق الأنسان ضد دولته اذا ما أنتهكت حرياته وحقوقه الأساسية وفشل بعد أستنفاذ طرق الطعن الداخلية من الوصول الى حقه.(1)

ثالثاً- الحقوق التي يرتبها ميثاق الأمم المتحدة للفرد:

الميثاق ينص صراحة في ديباجته على ضرورة العمل من أجل تعزيز أحترام حقوق الأنسان والحريات الأساسية للناس جميعاً وبلا تمييز بسبب الجنس أو اللغة أو الدين وبلا تفريق بين الرجال والنساء.

وفضلاً عن ذلك ماجاء في الأعلان العالمي لحقوق الأنسان لعام 1948, والأتفاقات الدولية الخاصة بحقوق الأنسان, سواء كانت حقوقاً مدنية و سياسية أو حقوقاً أقصادية وأجتماعية وثقافية والتي أقرتها الجمعية العامة للأمم المتحدة عام 1966.

علاوة على ذلك, فقد أصبح مبدأ حق الشعوب في تقرير مصيرها واحداً من المبادئ العامة للقانون الدولي, والذي يؤكد بتعبير أدق, على حق الأفراد بصفتهم الجماعية في أختيار نهج حياتهم السياسي أو الأقتصادي أو الأجتماعي.

ومن ذلك يتضح, بأن الميثاق وهو الوثيقة القانونية الدولية الأكثر أهمية في ضوء العلاقات الدولية المعاصرة, يرتب حقوقاً للفرد بوصفه فرداً

---

(1)   A.H. Robertson, Human Rights in Europe, 2nd., edn. Manchester University Press, Manchester, 1977, S. 4 ff.

مستقلاً عن الدولة. واذا ما أضفنا الى جانب هذه الحقوق تلك الألتزامات التي يرتبها القانون الدولي على الفرد في حالة أنتهاكه لقواعد هذا القانون وأخضاعه لقواعد المسؤولية الجنائية الدولية, لرأينا ان القانون الدولي مثلما يرتب الحقوق للفرد ويعمل على تأمين وضمانة كفالتها في الدساتير الدولية على أختلافها, فأنه يرتب الألتزامات والواجبات عليه بالمقابل, كما ويفسح له المجال أحياناً لمراجعة القضاء الدولي.[1]

❧

---

(1) للزيادة أنظر, ايريكا-ايرين أ. دايس, الحرية المكفولة للفرد بمقتضى القانون: دراسة عن واجبات الفرد إزاء المجتمع والقيود المفروضة على حقوق الأنسان وحرياته بمقتضى المادة 29 من الأعلان العالمي لحقوق الأنسان, مركز حقوق الأنسان جنيف, 1990, ص91-102.

المراجع

أولاً: المراجع العربية:

1) الـدكتـور أبـراهـيم أحمـد شـلبي: مبـادئ القـانـون الـدولي العـام, الـدار الجامعية, القاهرة, 1985.

2) الـدكتـور أبـراهـيم محمـد العنـاني: قـانون العلاقـات الدوليـة, دار النهضـة العربية, القاهرة, 2007.

3) الدكتور أحمد أبو الوفا: الوسيط في قانون المنظمات الدولية, دار النهضـة العربية, القاهرة , ط 2, 1985.

4) الدكتور أحمد سرحال: قانون العلاقات الدولية, بيروت, ط 2, 1993.

5) الدكتور الشافعي محمد بشير: القانون الـدولي العـام في السـلم والحـرب, منشأة المعارف, الأسكندرية, 1971.

6) ايريكا- ايرين أ. دايس: الحرية المكفولة للفرد بمقتضى القانون؛ دراسة عن واجبـات الفـرد إزاء المجتمـع والقيـود المفروضـة علـى حقـوق الأنسـان وحرياته بمقتضى المـادة 29 مـن الأعـلان العـالمي لحقـوق الأنسـان, مركـز حقوق الأنسان جنيف, 1990.

7) الدكتور السيد محمد جبر: المركز الدولي للأقليات في القانون الدولي العـام, منشأة المعارف, الأسكندرية, (دون تاريخ سنة الطبع).

8) الدكتور بهنام أبو الصوف: ظلال الـوادي العريـق, دار الشـؤون الثقافيـة, بغداد, 1992.

9) الدكتور حامد سلطان: القانون الدولي العام في وقت السـلم, دار النهضـة العربية, ط 6, القاهرة, 1976.

10) الدكتور حسن الحسن: التفاوض والعلاقات العامة, المؤسسة الجامعية للدراسات والنشر, ط 1, بيروت, 1993.

11) الدكتور سليم حداد: التنظيم القانوني للبحار والأمن القومي العربي, المؤسسة الجامعية للدراسات والنشر والتوزيع, ط 1, بيروت, 1994.

12) الدكتور سموحي فوق العادة: القانون الدولي, ترجمة (رينيه جان دوبوي), ط 3, باريس, 1983.

13) الدكتور صالح جواد الكاظم: مباحث في القانون الدولي, دار الشؤون الثقافية العامة, وزارة الثقافة والأعلام, ط 1, بغداد, 1991.

14) الدكتور عبد العزيز محمد سرحان: القانون الدولي العام, دار النهضة العربية, القاهرة, 1991.

15) الدكتور عبد الغني محمود: التحفظ على المعاهدات الدولية, دار الأتحاد العربي, ط 1, القاهرة, 1986.

16) الدكتور عبد الواحد الناصر: خصائص الدول في محيط العلاقات الدولية, دار حطين للطباعة, ط 3, الرباط, 1995.

17) الدكتور عبد الواحد محمد الفار: القانون الدولي العام, دار النهضة العربية, القاهرة, 1994.

18) الدكتور عدنان طه الدوري والدكتور عبد الأمير العكيلي: القانون الدولي العام, ج 2, منشورات الجامعة المفتوحة, طرابلس, 1994.

19) الدكتور عدنان طه الدوري: العلاقات الدولية المعاصرة, منشورات الجامعة المفتوحة, ط 1, بنغازي, 1992.

20) الدكتور علي صادق أبو هيف: القانون الدولي العام, القاهرة, 1975.

21) الدكتور محمد المجذوب: القانون الدولي العـام, الـدار الجامعيـة, بـيروت, 1994.

22) الدكتور محمد سامي عبد الحميد: القانون الدولي العام, الـدار الجامعيـة, الأسكندرية, 1985.

23) الدكتور محمد سامي عبد الحميـد: العلاقـات الدوليـة (مقدمـة لدراسـة القانون الدولي العام), دار النهضة العربية, القاهرة, 1995.

24) الدكتور محمود سامي جنينة: القانون الدولي العام, ط 2, القاهرة, 1938.

25) الدكتور محمد طلعت الغنيمي و الدكتور محمد السعيد الدقاق: القانون الدولي العام, دار المطبوعات الجامعية, الأسكندرية, 1991.

26) الـدكتور محمـد طلعت الغنيمـي: قـانون السـلام, منشأة المعـارف, الأسكندرية, 1982.

27) الدكتور محمد طلعت الغنيمي: الأحكام العامـة في قانون الأمـم, منشأة المعارف, الأسكندرية, 1970.

28) الـدكتور محمـد مجـدي مرجـان: آثار المعاهـدات بالنسبة للـدول غـير الأطراف, دار النهضة العربية, القاهرة, 1981.

29) الـدكتور مفيـد شـهاب: المـنظمات الدوليـة, دار النهضـة العربيـة, ط 2, القاهرة, 1974.

30) الـدكتور يحيـى الجمـل: الأعتراف في القـانون الـدولي العـام, دار النهضـة العربية, القاهرة, 1963.

ثانياً: المراجع الأجنبية:

1) Herdegen, Matthias: Völkerrecht, 2. Aufl., C.H. Beck Verl., München, 2002.

2) Alkubtan, Ali: Das Prinzip des Gewaltverbot im Völkerrecht und "die Militäraktionen gegen Afgahnistan und den Irak", Uni. Bayreuth Verl., Bayreuth, 2008.

3) Lauterpacht, H.: International law and Human Rights, London, 1950.

4) Oppenheim: International Law, I, Lauterbacht edn., 8 th edition, 1955.

5) Pieper, Hans-Joachim: Schifferpatent für den Bodensee (Allgemeiner Teil) mit Fragen- und Antwortenkatalog, IBN-Verlag (Internationale Bodensee & Boot-Nachrichten), Balingen 2002.

6) Randelzhofer, Albrecht: Völkerrechtliche Verträge; Beistandspakte, Menschenrechte, Seerecht, Luft- und Weltraumrecht, Umweltrecht, Kriegsverhütungsrecht, Kriegsrecht, Aufl. 8, Berlin, 1999.

7) Reeves, John: A Note on Exchange V. M´Faddon, The American Journal of International Law, Vol. 18, No. 2 (Apr., 1924), S. 320. (article consists of 1 page)

8) Robertson, A.H.: Human Rights in Europe, 2nd., edn. Manchester University Press, Manchester, 1977.

9) Rousseau, Charles: Droit international Pablic, Tom II, Les sujetsda droit, Paris, 1974.
Schow, Malcom: International Law, Cambridge University Press, 5th. edn., Cambridge, 2003.

10) United Nation: The Work of the International Law Commission, fifth edition, New York, 1996.

التقارير الدولية

1) **International Court of Justice** Reports:

- Nottebom Case, **Judgment of 6 April 1955**
- Fisheries Case, Decion of July 25, 1974.
- Case concerning Oil Platforms, CR 2003/10

2) **Permanent Court of International Justice:**

- Chozow Case, Judgment Nr. 13, Ser. A., Nr. 17, 1982.

3) **Berichte der internationalen Schiedssprüche:**

- Lake Lanoux Case, Vol. X, 4. 2. 7, 1957.

المحتويات

الصفحة	الموضوع

الباب الثالث

أشخاص القانون الدولي العام

الدولة-الدولة البابوية- المنظمات الدولية-الفرد

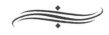

Printed in the United States
By Bookmasters